作者简介

茅院生 1972 年 4 月生，安徽望江人。中国人民大学商学院管理学博士后，西南政法大学法学学士、法学硕士、法学博士。现任法律出版社学术分社社长，兼任《中国法律》杂志社（香港）总编辑，西南政法大学法学副教授、硕士研究生导师等职。大学期间曾任西南政法大学校学生会主席。工作以来曾任法律出版社市场销售部主任、中国法律图书公司总经理、董事长。先后被评为全国百优大学生、全国优秀学生干部、司法部直属机关优秀党员、司法部直属机关杰出青年、全国优秀团干、中央国家机关优秀青年。曾在《中国法学》、《法学家》、《法律科学》等法学核心期刊及《新闻出版报》、《中国图书商报》等出版业专业报刊发表法学及管理学文章十余篇。

设立中公司本体论

设立中公司本体论

茅院生 著

A Noumenal Analysis
of A Company in Incorporation

人民出版社

责任编辑:晓　敏
装帧设计:晓　伟
责任校对:李毅夫

图书在版编目(CIP)数据

设立中公司本体论/茅院生著. -北京:人民出版社,2007.6
ISBN 978 - 7 - 01 - 006379 - 9

Ⅰ. 设…　Ⅱ. 茅…　Ⅲ. 公司-企业管理　Ⅳ. F276.6

中国版本图书馆 CIP 数据核字(2007)第 112041 号

设立中公司本体论
SHELIZHONG GONGSI BENTI LUN

茅院生　著

人 民 出 版 社　出版发行
(100706　北京朝阳门内大街 166 号)

北京新魏印刷厂印刷　新华书店经销

2007 年 6 月第 1 版　2007 年 6 月北京第 1 次印刷
开本:787 毫米×960 毫米 1/16　印张:13
字数:250 千字　印数:0,001 - 5,000 册

ISBN 978 - 7 - 01 - 006379 - 9　定价:28.00 元

邮购地址 100706　北京朝阳门内大街 166 号
人民东方图书销售中心　电话 (010)65250042　65289539

目 录

Catalog

INDEX

中文提要

公司法以规范公司的组织机构、治理机制为立法重点。在设立中公司的理论中,一般将设立中公司视为成立后公司的"胎儿公司",即从信赖理论角度出发,设立中公司的常态应过渡为公司。可见,设立中公司对成立后公司的影响甚巨。再者,设立中公司在商事实践中广泛存在,公司设立阶段积累了大量的法律问题,其中最为重要的,也是争论最多的问题当属设立中公司的民事权利能力、民事行为能力和民事责任能力,矛盾集中体现于设立责任以及为公司成立而订立的民事合同责任的分配。这提示我们不应当忽略对设立中公司本体的探讨。基于此,本书关注的重点为设立中公司本体法律问题,即设立中公司的生存期限、法律地位、成员和机关、设立中公司向公司的过渡等。就某些问题,如行政部门的设立登记,设立瑕疵,发起人对成立后公司的资本补充责任以及发起人对公司的赔偿责任等,因之不全然属于设立中公司本体论,故本书没有涉及。

除第一章导论和结语外,本书第一部分"设立中公司本体基本理论"包括第二、三、四章,第二部"设立中公司本体建构"包括第五、六、七、八章。

导论首先提出本书的观点,主张重新认识设立中公司,明确本书的主体部分是反思设立中公司的性质、地位,构造设立中公司的内部组织,并探讨该组织体的行为。在导论中交代了研究背景,即由法经济学者展开的"公司法中的合同自由"的论战对公司法的影响;"公司以何为信用"的讨论对公司资本制度变革的影响;德国通过判例形成了设立中公司理论的影响。在此研究背景下,导论交代了文章的三条研究路径:公司设立规则的全球竞争;设立中公司组织体的独立构造;设立中公司在设立阶段的独立行为。由于研究路径和论文的主旨所限定,导论中界定了论文的研究范围,即依照大陆法系的公司设立三要件"人、物、行为"作为设立中公司本体论的基础,并就本书不予讨论的问题作了交代。最后,导论交代了本书的研究方法,即法解释学的方法、以现行公司法的文本为研究视角等。

第二章"设立中公司的界定"。本章主要确定"设立中公司"这一全文的核心概念,其目的是为以后章节的展开作一铺垫。指出现有概念表达中一个较为明显的缺陷在于"设立中公司"这一概念的上位概念本身即具有不确定性。并且本章主张将公司设立作为一个整体,而非划分为发起人合伙与设立中公司两个阶段对待,设立中公司始于"发起人协议订立时起"。本章对设立中公司的一个基本界定是:以设立协议的订立为起始点,至公司取得设立证书(或设立清算时)止的这一个时间段内,以取得公司法人资格为目的,具有独立主体地位的非法人团体。

第三章"设立中公司的独立性"。基于对民事主体再认识的基础上赋予非法人团体民事主体地位的必要性以及设立中公司自身的特殊性,本章认为,应当承认设立中公司独立的民事主体地位。就设立中公司作为一个整体来看,虽然目前立法不可能超前到承认设立中公司的有限责任,但也不宜简单地视设立中公司为合伙组织。设立中公司因其具有一定的财产,拥有自己的意思机关和执行机关,具有受限制的团体人格,能够以自己的财产承担一部分责任,并且,考察设立中公司的外在表征,它追求和其组成成员相独立的团体构造,这和民事合伙的差异较大,和法人的性质更为接近。从设立中公司的民事能力以及设立中公司可以以自己的名义所从事的各种活动看,如果不考虑到行政机关的利益,不将登记视为主体资格取得的一个必经程序,那么,赋予非法人团体,尤其是从事商事行为的设立中公司独立的民事主体地位似无不可。

设立中公司的独立性还体现在其具有责任能力,可以对自己的行为承担责任,也就是设立中公司以自己的财产承担清偿责任。发起人承担个人责任是因为其应当具有担保公司成立的义务。

第四章"一人公司的设立理论"。我国修订后的公司法使理论界对一人公司合法地位的争论尘埃落定,同时对我国公司的设立制度进行了补充,并对传统的公司设立观念产生了较大的冲击和修正。一人公司中股东的唯一性使得公司设立人之间的集合关系已不存在。在一人公司中,设立人和股东二者身份具有延续性。因此,一人公司的唯一股东便就是唯一的设立人。但是,设立中公司机关仍然有承认的必要,只不过是简化的机关形式而已,并且一人公司并没有与公司的出资理论形成根本背离,只是为了保护公司债权人而对其规定了较为严格的条件。

第五章"设立中公司本体建构的价值取向"。能否高效筹集公司的资金应为设立中公司制度优劣的判断标准。这个标准包含两个关键性因素:一是公司最低注册资本数额;二是出资形式的可选择范围。和成立后公司相比,设立中公司的私人强制较弱,但是设立中公司仍为一个利益交叉和利益冲突的统一体,单纯依靠发起人合伙理论难以处理复杂的公司设立事务,而将设立中公司作为和发起人独立的组织体对待,在设立责任承担和设立中公司过渡为公司等方面均具有便捷效力。

第六章"设立中公司机关"。设立中公司可以以自己的名义,而非发起人的个人名义从事设立行为,其意思的表达与实行和法人类似,均需要借助于自己的机关来完成。发起人合伙是设立中公司的主要机关,但并非唯一的机关,在设立中公司召开创立大会选举出董事会、监事会后,创立大会取代发起人合伙成为意思表示机构,而董事会和监事会分别成为设立中公司的执行机构和监督机构。就设立中公司意思机关的议事规则而言,采取"资本多数决"原则或是"人头主义"可以由意思机关来选择,不必由法律排除"资本多数决"原则的实行。而就执行机构的表决而言,"人头主义"是一个可行的选择。本章在设立中公司机关的权利、义务中,强调的是"职权",而非单纯的发起人的"权利与义务"。各国公司法对设立规则的不同决定了设立中公司行为难易与繁简。一般地,设立中公司的必要设立行为包括订立发起人协议;订立公司章程;初始资本额的缴纳与验资;确立公司的组织机构等。这些行为的主体均应当是设立中公司的机关。

第七章"设立中公司成员——发起人"。本章就公司发起人的人数、资格、认定进行了讨论。公司法只需对发起人的资格设定一个框架,或者是最低标准,在此基础之上,可以根据本国经济实践交由工商行政法规来对某些主体是否具有发起人身份进行法律界定。发起人责任颇为复杂,作为设立中公司成员的发起人的责任,既有发起人之间的违约责任,又有发起人对设立中公司的、债权人以及认股人的责任。

第八章"设立中公司的财产筹集和章程订立"。前两章讨论的对象为设立中公司的"人",也即作为成员的发起人和设立中公司的机关。除此之外,设立中公司三要素:"人、物、行为"的另外两个要素即为财产和章程。鉴于中国公司法就公司资本制度做了大范围的修改,这对设立中公司财产的筹集规则也产生了影响,具体而言其财产的形成规则包括:(1)筹资必须达到法定最低注册资本数额;(2)出资标的物可以由发起人协商确定;(3)对一人公司的出资严格限制。依据大陆法系公司法对章程的认识,章程属于设立行为的复合要件。所以,章程订立不仅是设立中公司最基本的行为之一,也是公司设立行为的核心。章程虽于设立阶段订立,但它从理论上为成立后公司的运行设定了禁忌和自由活动的空间。章程的性质争论实质上是公司性质争论的延伸。本章着重讨论了公司章程的意思自由,章程选择退出公司法规则的程度取决于两个方面:一是对公司法规则的判断;二是区分公司类型,因为有限责任公司和股份有限公司对章程排除适用强制性规范的宽严态度不同。

在结束语中,重申了本书的结论。笔者认为:一方面,从设立中公司的民事能力以及设立中公司以自己的名义所从事的各种活动看,设立中公司应具有独立的主体地位;另一方面,根据目前国际最新理论,有限责任是当事人之间的一种契约,即使立法承认设立中公司承担有限责任,事实上也不会造成债权人利益的损害。因为一旦立法做出了特定的制度安排，债权人在与设立中公司订立合同时，就会预先考虑到各种风险。这与有限合伙近年来蓬勃发展的原因一样。当然，目前我国的立法还没有必要走到这一步。但是这也并不影响设立中公司的独立法律地位。

Abstract

The Company Law takes the regulation of the organization and structure and governing mechanism of companies as the legislative priorities. The theories regarding "companies in incorporation" normally deem a company in incorporation to be the "embryo company" of the same entity after it is duly established, i. e. : from the perspective of the reliance theory, a company in incorporation shall be transformed into a duly established company. It therefore can be concluded that a company in incorporation will have significant influence on the company that becomes duly established afterwards. In addition, currently companies in incorporation have widely engaged in commercial activities and therefore a large quantity of legal issues coming up with respect to the incorporation period of companies. The most significant issue which is also the most controversial issue is regarding the civil right capacity, civil activity capacity and civil liability capacity. Such issue is concentratedly reflected through the liability division between the incorporation liabilities and the civil liabilities arisen out from the contracts entered into for the incorporation of companies. This suggests that we should not lose sight of the researches and discussions regarding the position of "a company in incorporation". In light of this, this essay focuses on the legal issues relating to the companies in incorporation, i. e. : the duration period, legal status, members and the pre-establishment governing bodies of a company in incorporation as well as the transformation from a company in incorporation into the company duly established. With respect to certain issues, although they should also be categorized as the legal problems arisen out of the incorporation period of companies, such as the establishment registration with administrative agencies, incorporation flaws, capital complement liabilities and remedial liabilities to be assumed by promoters to companies, etc. , they are not entirely within the scope of the discussion regarding the organizations of a company in incorporation, this essay therefore did not address the above issues herein.

Apart from Chapter I-Introduction and the Conclusion Part, this essay includes eight chapters in total as follows:

Chapter II-Determination of a Company in Incorporation. This chapter is to establish the core concept of "a company in incorporation" and therefore serves as the foundation for the whole essay. This chapter points out a relatively evident flaw lying in the presentation of the current concept of "a company in incorporation", i. e. : the concept at a higher lever than the concept of "a company in incorporation" has not yet been determined. In addition, this chapter proposes to take the incorporation of a company as integrity instead of dividing it into two periods, i. e. : the period of the partnership between/among promoters and the period of the company in incorporation, a company in incorporation shall start from the moment the promoters' agreement is concluded. This chapter establishes a basic concept of a company in incorporation, that is a company in incorporation is a non-legal person organization starting from the moment the promoters' agreement is concluded until it obtains the certificate of incorporation (or it goes through the incorporation liquidation process) and aims at the acquisition of the legal person status of a company.

Chapter III-The Independence of a Company in Incorporation. This chapter sets forth the necessity of entitling a company in incorporation the civil position as a non-legal person organization and the specialties of a company in incorporation based on the reunderstanding of civil subjects. This chapter suggests the status of a company in incorporation as a civil subject should be recognized. Take the company in incorporation as a whole, even if it is not possible to recognize in advance the limited liability a company in incorporation can assume under the current legislation, it is not appropriate to deem a company in incorporation simply as a partnership. A company in incorporation has its own assets and its own determination and implementation bodies, it has the organization status that is subject to limits and it is able to assume part of the liabilities using its own assets. In addition, when looking into the external characters of a company in incorporation, it is trying to establish an organizational structure that is relatively independent from the members that incorporate the company, which is substantially different from a civil partnership and is much closer to the characters of a legal person. From the perspective of the civil capacity of a company in incorporation and the fact that a company in incorporation is able to engage in various activities in its own name, it appears to be appropriate to entitle, a non-legal person organization, especially a company in incorporation that engages in commercial activities, the independent civil subject status, if not taking into account the interests of administrative agencies and not taking the registration process as a prerequisite for acquisition of a subject qualification.

The independence of a company in incorporation also reflects on the fact that it has responsibility liabilities and is able to assume liabilities for its own activities. That is, only when a company in incorporation is unable to repay all its liabilities with its own assets, the promoters shall assume supplementary liabilities .

Chapter IV -" One-Shareholder Company " Theory on Incorporation Theories. The revised PRC Company Law regards the legal status of the one-shareholder companies. The only shareholder of a one-shareholder company wipes off the collectivity relationship between or among founders of a company. In the case of a one-shareholder company, the identity of the founder and the shareholder shall be successive. Therefore, the sole shareholder of a one-shareholder company is the sole founder. However, it is still necessary to recognize the relevant bodies of a company in incorporation just that the form of such bodies may be simplified. The recognition to one-shareholder companies is not a fundamental deviation of the company contribution theory and just provides for relatively strict requirements for the purpose of protection the creditors of such company.

Chapter Five-Value Orientation of the Infrastructure of a Company in Incorporation. It should be a standard for judgment of the system of a company in incorporation that whether such system can assist a company in incorporation to efficiently raise funds. This standard contains two key factors: one is the minimum registered capital of a company; the other is the scope of the contribution method. Compared with a duly established company, a company in incorporation has a relatively weaker personal constraint. However, a company in incorporation is still a combination of the overlap and conflicts of the various interests and it will be difficult to deal with the complicated incorporation matters if merely using the partnership theory. Therefore, it will be more efficient and productive if treating a company in incorporation as an organization independent from the promoters with respect to assuming the incorporation liabilities and the transformation from a company in incorporation to a duly established company.

Chapter VI Preestablishment Governing Bodies of A Company in Incorporation. A company in incorporation is able to engage in incorporation activities in its own name rather than in the name of its promoters. The presentation and implementation of its determinations are similar to those of a legal person which both need their respective own bodies to complete. Promoters' partnership is the main body but not the only body of a company in incorporation. The promoters' partnership will become the determination body after a company in incorporation convenes an establishment meeting and elects the board of directors and the board of supervisors. The board of directors and the board of supervisors therefore become the implementation body and supervisory body respectively. In terms of the rules of procedures of the determination body of a company in incorporation, promoters' partnership and the establishment meeting can adopt the "capital majority" principle while regarding the voting principles of the implementation body; "the number of people" principle may be a feasible choice. Within the various rights and obligations of the bodies of a company in incorporation, this chapter emphasizes the "responsibilities and authorities" which should enjoyed or assumed by one body instead of the "rights and obligations" of merely promoters. The different provisions contained in the incorporation rules of different countries determine the difficulty of incorporating a company in different countries. Generally, the necessary incorporation activities of a company in incorporation includes the conclusion of the promoters' agreement, conclusion of the articles of association of a company, the contribution and verification of the initial capital amount and determination of the organizations of a company. All of these shall be conducted by the bodies of a company in incorporation.

Chapter VII-Members of a Company in Incorporation-Promoters. This chapter discusses the number, qualification and determination of the promoters of a company. The Company Law only needs to set forth, a framework of the determination of the qualifications of promoters, or in other words, the lowest requirements. Based on these rules, the identities of the promoters can be legally determined by the industrial and commercial administrative regulations in accordance with the economic practice of the home country. The promoters' liabilities are quite complicated. Such liabilities, as the liabilities to be assumed by the members of a company in incorporation of the promoters, include the liabilities for breach of the promoters' agreement and the liabilities to be assumed by promoters to the company in incorporation, the creditors of the company in incorporation as well as the subscribers.

Chapter VIII-Fund Raising and Conclusion of the Articles of Association of a Company in Incorporation. The previous two chapters discuss the "person" of a company in incorporation, i. e. : the members of promoters and the bodies of a company in incorporation. Apart from these "persons", the other two factors of the three elements of a company in incorporation, i. e. : "person, assets, activity", refer to the assets and the articles of association of a company in incorporation. Due to the revised PRC company law bring quite amendments to the company capital system , It has affected the fund raising rules of a company in incorporation. With respect to a company in incorporation, the formation rules of its assets consists of (1) the funds raised reaching the statutory minimum registered capital, (2) the contribution method being permitted to be negotiated and determined by the promoters, and (3) the strict restrictions imposed on the capital contribution of one-shareholder companies. Pursuant to the understanding of company laws by continental legal system countries to the articles of association, the articles is categorized as a composite element of the incorporation activity. Therefore, the conclusion of the articles of association is not only the most fundamental activity but also the core of the incorporation of a company. Although the articles of association are concluded within the incorporation period, it sets forth the scope of the permitted and prohibited activities of a company after it is duly established. Disputes arisen out of the characters of the articles of association are actually the extension of the disputes relating to the character of a company. This chapter specifically discusses the freeness lying in the conclusion of the provisions contained in the articles of association. That is, the extend on which can the articles of association chooses to drop out the rules of the Company Law is determined by the following two aspects, one is the evaluation of the rules of the Company Law, and the other is to distinguish the types of the companies as the a limited liability company and a company limited by shares will take different attitudes towards the exclusion of the mandatory provisions in their respective articles of associations.

第一章

导 论

　　"本体"的概念首先由德国哲学家康德提出。康德认为,"本体"是与"现象"对立的不可认识的"自在之物"。但辩证唯物主义认为"本体"是一个事物的主要部分和本质部分,"现象"和"本体"之间并非不可逾越。法理学中用本体理论来研究法律现象究竟是什么,形成了"法的本体论"。本书使用"本体"这一术语,即设立中公司本体论是以设立中公司为研究对象,探讨其地位、特征和组织构造,并探讨其性质归属。本书的基本结论是:设立中公司是公司设立阶段的唯一主体,设立中公司以其机关从事设立活动,虽然还不能承认设立中公司的有限责任,但设立中公司可以被视为独立的民商事主体,应当以其自有财产先承担设立责任,发起人承担补充责任。

　　关于设立中公司的性质和组织构造,通说是用民法中合伙的理论来解释的;设立中公司在商法上被视为行为法意义上的公司设立法的重要组成部分。但本书认为用民法中合伙的组织特征去解释从事复杂的商行为的公司设立,无疑会使这个组织体承担不能承受之重。

本书主张重新认识设立中公司,将其作为民事主体对待,并设计其内部组织构造。显然这是一个和通说有异的论点。设立中公司和成立后公司的差距在于是否经过"登记"。自然,按照通说的逻辑,没有取得设立证书的这个经济组织不具有独立的主体地位,没有独立的责任能力。但是,这一定是一个唯一的结论吗?答案当然是否定的,不仅仅是关于设立中公司的性质问题,任何问题,前提是这个问题的品格仍是学术性,如果不存在争鸣,如果它是永恒的,如果它是唯一的,如果它是基本原则的话,那么,我们得出的这个结论从本质上不是学术应当关注的对象。也就是说,它是一个真理命题,是一个不容置疑的命题,它不是我们要讨论的学术问题,学术结论和真理的区别在于永恒和有限。① 这种"有限性"使我们的探讨有了可能。在导论中将交代如下几个问题:一、问题的提出,也就是为何要关注设立中公司?二、研究背景的介绍,文章本论部分要讨论的设立中公司本体是在一个何种大的研究背景下展开的?三、研究范围和路径,鉴于学术论文是以"论点、论据、论证"为三要素,对材料的取舍和对研究范围的界定是非常必要的,漫无边际的讨论只会离论点渐行渐远,所以在写作开始前需要对研究的边界进行圈定。四、研究方法的交代。

一、选题背景和研究缘由

公司在取得设立登记证书之前的形态,在学理上称为设立中公司,一般地,设立公司的行为是行为法意义上的公司法的一个重要组成部分,诸

---

① 邓正来先生在谈到学术批判的可能性和学术批判的必然性时,指出了学术和真理的差异。"学术是有限度的,它不是真理,真理可以是永恒的原则,放之四海而皆准,不论时空,无论人,都是有效的,学问不一样,学问是什么?学问是有限度的,限度意味着什么?限度就意味着学术批判的可能性和学术批判的必然性。"见《政法论坛》2006 年第 2 期:"《政法论坛》与法学期刊的未来走向研讨会"座谈会纪要。

如订立公司章程、出资、认股等均为设立行为的组成部分。① 而公司法最核心的部分——作为组织法的公司法，对设立阶段这种组织体的关注基本缺位，只有成立后的公司，它的组织结构、它的治理机制，成为公司法反复衡量的对象。而对设立阶段这一前公司状态，一般公司法浅浅地把它描述成"胎儿公司"，"设立中公司和成立后公司是一个同一体"，更多地，是将设立中公司交与民事理论中的"合伙"制度来解释。就设立中公司而言，通说一般将设立中公司的性质归为无权利能力社团。但是对设立中公司的进一步的探讨，如发起人和设立中公司的关系、设立中公司的责任承担、设立中公司的法律地位等均略嫌粗浅。所以，本书试图着重分析设立中公司这种组织体的法律地位和其内部关系，以"设立中公司"为研究对象，至于公司设立阶段的一些行为，比如和雇员的劳务纠纷，和税务机关的纳税纠纷，发起人对成立后公司的资本补充责任以及对公司的赔偿责任等，因为这些规则主要是为了成立后公司，而非设立中公司所制定的，所以不再列入本书的探究范围。

二、研究背景

公司法实践性非常强，这和它调整的对象——公司这一完全的市场主体有关，公司法的理论重点随着经济和法律的共同发展而形成并进行着相应的变革。和公司设立制度相关的公司法理论的研究包括但不限于：

1. "公司法中的合同自由"的论战。这是一场开始于经济发达国家，首先为经济学家关注，直接对公司法的性质产生影响并进而影响到公司立法的大讨论。这场讨论仍没有确切的答案，但是讨论的过程同时也是

---

① 当然，严格意义上来说，"发起行为"和"设立行为"是有区别的。此处我们是将设立行为在总括层面上来看待，它是一个包括整个设立阶段从事的和公司设立相关的行为。在本论中，是将发起行为和设立行为区别对待的。

认识深化和观念更新的过程,就公司法性质而言,在历史的演变过程中它被认为是"私法公法化"的代表,强调的是公司法对公司组织结构和行为方式的约束。但其中自由和管制的比例如何确定,尤其是根源于"公司和公司法的关系如何确定"的大论战的背景下,如果换成法律语言来体现,那就是强制性规范和任意性规范在公司法中孰轻孰重?在公司设立阶段,这个问题和公司章程的关系是非常密切的。"章程可否自由退出公司法"这是在制定章程时必须要面对的问题之一,而制定公司的章程是公司设立时的必要行为,是设立中公司不容轻视的工作。

2. "公司以何为信用"的发展。我们之所以说"发展",而不是如同上文一样使用"论战",源于这只是对以往认识的澄清,从一个偏离正确的道路上回到一个相对合理的论述基础。"公司资本信用"命题受到质疑,法定资本制受到授权资本制度的挑战。而一国资本制度,一个重要的内容即是关于公司资本的形成。包括最低资本额、出资方式、出资期限等一系列问题需要设立中公司重新思考,并且这些出资又构成设立中公司的财产。所以设立中公司的财产筹集要随着一国资本制度的变化做相应调整。

3. 设立中公司的理论。德国通过判例形成了设立中公司的理论,虽然其中还有许多争论和细节问题尚未解决。关于设立中公司的理论基本包括如下构成:[①]

(1)设立中公司的法律属性;

(2)设立中公司的会员间关系及与公司的关系;

(3)设立中公司与第三人的关系;

(4)设立中公司的责任承担;

(5)会员(发起人)的个人责任;

(6)设立中公司的终止;

---

① 吴越:"德国有限责任公司法的学说及实践",《私人有限公司的百年论战与世纪重构——中国与欧盟的比较》,法律出版社 2005 年版,第 329~340 页。

（7）设立中公司演变为有限公司；

（8）非纯粹的设立中公司。

和德国理论以及司法判例构建了独立的设立中公司理论不同，中国公司法学者的切入点是将设立阶段的各种具体的设立行为，如设立条件、设立程序，设立登记、公司设立政策的变化等宏观关注作为叙事视角，对公司的设立过程做了一番梳理，并就某些制度提出了自己的体系建构，当然其中也有对设立主体的描述。在中国公司法学者普遍的论述角度，公司设立的主体是发起人。由此对发起人的资格、认定等做了一番探讨，当然也承认发起人是设立中公司的机关。在这些探讨中，设立中公司虽然被作为一个概念提出来，但更大程度上是为了描述的需要。"设立中公司"更大程度上只是一个语词，而非规则。就公司设立阶段而言，我们看到的是零散的问题，而没有再去深究引发这些问题的主体。在这个研究的大的背景下，选择设立中公司作为分析的对象具有较强的实践意义和理论意义。

三、研究范围

公司，尤其是股份有限公司，在设立阶段要从事大量的法律行为，所涉及的法律问题方方面面，既有民商法领域，如发起人协议、先公司合同、出资违约等，也有行政法领域，如公司的设立登记，还有一些问题和国家的宏观调控政策有关，如税收、发行证券等。从本书的主旨出发，试图构造设立中公司，为设立中公司寻求一个独立的法律地位，因此，本书并未对有关设立的所有法律问题进行探讨。大陆法系的公司法认为公司设立需要人、物、行为三要件。本书的研究范围也即依据三个方面划定。

（一）范围界定

1. 人

毫无疑问是公司的设立人或者是发起人。本书从两个方面探讨发起人:一是发起人是设立中公司的成员,二是发起人作为整体,它是设立中公司的机关。

2. 物

为公司的发起人在设立阶段聚积的财产。它主要由发起人的出资组成。这些财产既是公司的初始资本,也是设立中公司得以承担民事责任的独立财产。本书只涉及公司初始资本形成,相关的讨论集中于公司初始资本形成规则;公司设立时最低资本额的确定;发起人的出资方式。

3. 行为

公司设立行为之繁简因公司类型而有差异。一般地,有限责任公司只能采取发起设立方式,其设立程序较为简单,所涉及的设立行为为设立人之间、设立中公司和登记机关的行为。股份有限公司的设立方式分为发起设立和募集设立,相比较而言,募集设立因其需要向社会公开募集股份,设立程序复杂,包括的设立行为更为多样。

在复杂的设立行为中,仍有一些基础行为不因公司种类有别。

"公司创立人为设立公司而进行的一系列行为都属于设立行为,公司是社团法人,设立公司至少必须做到三点:第一,要确定社团的成员及其出资;第二,要确定社团的章程;第三,要确定社团的机关。这三点尤以确定章程最为重要,因为其他两点可以包括在章程之中。"①

就设立行为而言,本书的研究范围划定在和设立中公司独立性有关的方面,可以说是设立中公司独有的行为。如:

(1)公司章程的订立行为。

(2)发起人的出资行为。本书中只涉及发起人的出资,因为发起人身份具有二重性,发起人的出资是作为设立中公司的机关的出资,出资标的物的类型确定等方面除了公司法的强制性规定外,即是发起人机关的意思自治,因此发起人的出资是设立中公司需要重点关注的行为法。至于

---

① 谢怀栻著:《外国民商法精要》(增补版),法律出版社 2006 年版,第 291 页。

募集设立中认股人认购股份,因其主要是认股人和发起人之间的格式合同的履行,此种公司的外部行为主要不是由公司法来调整,更多的是借助于合同法、民法等部门法,因此没有列入本书的探讨范围。

(3)设立中公司的开业准备行为。从严格意义上说,公司的设立行为是和公司设立相关的行为,而开业准备行为和公司的设立目的并无直接关联。因此,理论上一般并不将开业准备行为,也就是先公司合同行为作为设立行为的一种。本书之所以专节讨论先公司合同责任,意图仍是证明设立中公司的独立的主体地位,在该类民事行为中,本书的观点仍是设立中公司作为整体独立承担民事责任,发起人承担个人责任的理由在于担保公司设立,而非单纯的以合伙名义承担无限责任般简单。

4.设立责任。

本书意图构造独立的设立中公司,其中,可否独立承担责任是不可避免的话题。责任包括:发起人的违约责任、对公司的资本填补责任、对公司的赔偿责任、设立中公司的责任、董事监事的责任等。本书没有讨论虽然是在公司设立阶段所为的行为,但该行为的责任是由成立后的公司负担的问题。具体来说,下面几种责任的归属在本书中不再讨论:

(1)资本充实责任。

发起人的资本充实责任,又称"差额填补责任",是指为了确保资本的充足和可靠,保证法律人格健全,由发起人共同承担的相互担保出资义务履行,从而确保实收资本与公司章程所规定的资本相一致的民事责任。如:我国《公司法》第31条规定,"有限责任公司成立后,发现作为设立公司出资的非货币财产的实际价额显著低于公司章程所定价额的,应当由交付该出资的股东补足其差额;公司设立时的其他股东承担连带责任。"

(2)对公司的损害赔偿责任。

我国《公司法》第95条第3项:"在公司设立过程中,由于发起人的过失致使公司利益受到损害的,应当对公司承担赔偿责任。"

董事、监事、高级管理人员对公司的损害赔偿责任以及在募集股份过程中,因为虚假陈述、重大遗漏等需要对投资人承担赔偿责任,皆因为与设立中公司独立主体地位的宗旨相差甚远,因而在本书中的论述中没有讨论。

(二)研究路径

本书本论部分从三个方面探讨设立中公司本体问题。

1. 公司设立制度的变革。公司是经济制度和法律制度结合最为密切的专门从事经济活动的组织体,公司制度是社会主义市场经济体制的重要组成部分。公司法与经济竞争的关系非常密切,公司立法较为集中和突出的反映我国社会主义市场经济法律体系中市场秩序和竞争的需求,同时公司法对以公司为主体的一国经济在国际竞争中的地位影响非常重大。自然,公司法规则也需经历无情的竞争,包括公司的设立规则。现行的中国公司法几乎吸收了经济发达国家在国际竞争中胜出的所有规则,几乎采纳了经济发达国家关于加强公司竞争力的所有发达理念,比如章程自治、比如缓和的资本制度。无疑这是对其他国家公司法文本的对比分析的结果,是经济发达国家榜样力量的召唤。这种以公司法竞争为鲜明特色的设立制度的变革既有国际竞争背景下的公司设立制度变革,也包括中国现实的公司法设立制度的修改。这主要反映在本书第五章"设立中公司本体构建的价值取向"中。

2. 沿着对设立中公司组织体的独立构造展开。为了达到本书力图消弭设立中公司为一民事合伙的属性,要将其论证为一个真正的独立的商事主体,本书从设立中公司既属于非法人团体,但是又因其具有商主体性格,和其他非法人团体有异这个思路,来探讨作为商事行为参与者的设立中公司具有独立法律地位的必要性和特殊性。这是在公司法竞争背景下方便公司设立,提高公司设立规则的竞争力相呼应的。

3. 设立中公司在设立阶段的独立行为。这是为了回答设立中公司作为独立主体的意义何在。如果仅仅是为了构造一个组织体而去构造的话,这和公司法追求的解决实践问题的精神相背离,公司法并非以道德教化为本质,虽然在追求效率的同时,正义、伦理等等均要对规则的构造产生作用。公司法关注更多的是,在现实的情况下解决实际困难,也就是说,公司法讲求其实用性和可操作性。如果我们费力构造的"设立中公司"对实践毫无益处,甚至比现有的以合伙人来解决设立阶段的设立行为更为繁琐的话,也就是说,它并不比现有的规则更为有效的话,那么,这种纯粹出于思维漫游式的理论构造是不具有实际意义的。本书试图证明的是如果将设立中公司当作一个独立组织体来看待,会在设立行为的实施和责任的归属上产生简便、高效的结果。

从内容上看,上述三条路径是统一的,无论是国际范围内公司法的竞争,还是设立中公司内部组织规则的构建,均是为了节约公司设立的制度成本,使得公司设立纠纷的解决更为简约并不致产生相互冲突。总之,第一条路径是一个总括性介绍,提出设立规则竞争背景下设立中公司制度的缘起。提出了后两条路径需要解决的问题,即如何对待设立中公司才能达致简化公司设立,解决公司设立中的冲突。后两个论述的路径之间是递进的,在第二条路径提出设立中公司独立性命题后,还要解决的就是这个独立主体是否有实际存在的意义,它的意义所在便是为了解决设立行为中的法律问题。

四、研究方法

本书选择的题目是一个制度型选题,同时也属于提出问题性选题,虽然有关公司设立的法律问题已经被肢解得足够细致,但是将设立中公司作为专门的研究对象的专题文章尚不多。相比较理论型选题而言,制度型选题注重的是这项制度的构成要素、制度的内容和制度的功能等。基于选题的特征,本书选择了下述写作方法和研究视角。

(一)法解释学的方法

在孟德斯鸠等人看来,法律的适用是很简单的。马克斯·韦伯充分表达了这种观点:法官就像一台自动售货机,投入法条和事实,产出司法判决。① 这种观点在德国的解释学传统中受到了强烈的批判。法律必须通过解释才能适用,已经成为学术界和司法界的一致观点。

从法律部分分类的意义上看,公司法主要是组织法,也具有行为法的性质。无论其作为组织法规则还是行为法规则,最终都必须经过解释才可能在实践中获得鲜活的生命力。在中国公司法已经日趋成熟的今天,公司法研究的重点,应该从以价值呼唤为主导的宏观建构转向以规范分析为主导的微观论证。因为,市场经济实践需要实用化、具体化、可操作化的理论来指导,使之成为一部运转精密的机器。作为理论和实践的联结点,便是法解释的研究方法。英国著名学者安东尼·吉登斯(Anthony Giddens)在阐述社会科学的特殊性时指出:"从一定意义上讲,所有社会科学无疑都是解释学,因为它们能够描述任何情境'某人正在做什么',而这就意味着能够了解在行动者或行动者活动建构中他们自己知道并应用了什么。"②就社会科学话语的实践内涵而言,吉登斯的看法深刻地揭示出了社会科学的基本特征。狭义的法律解释方法,指用来明确法律文本(条文)的内容意义、构成要件、适用范围和法律效果的各种解释方法,例如文义解释方法、目的解释方法等;广义法律解释方法,还包括用来补充法律漏洞的各种方法。③ 在制度型选题的论文中,法解释学方法被上升到"是必须采用的最基本的研究方法"的高度。另一方面,现代解释学发展的一个趋势不再是"表明一种深层的融贯性和意义",④而是更强调读者与文本之间的互动和交流,文本与文本之间的重叠关系(intertextuality),以突破法律文本决定论和法律解释单一论的专制,加入"解释的共同体

---

① Max Weber, *Economy and Society: An Outline of Interpretive Sociology*, Vol: 1, eds. by Guenther Roth & Claus Wittich, Univ. of California Press, 1978.

② [英]安东尼·吉登斯著,田佑中等译:《社会学方法的新规则——一种对解释社会学的建设性批判》,社会科学文献出版社 2003 年版,第 65 页。

③ 梁慧星著:《法学学位论文写作方法》,法律出版社 2006 版,第 78 页。

④ Charles Taylor, "Interpretation and the Sciences of Man," in *Interpretive Social Science*, *A Second Look*, ed. by Paul Rabinow and William M. Sullivan, University California Press, 1987, p. 33.

（interpretive communities）"等框架的限制。"法解释学作为科学的实用法学，并不以法律解释本身作为目的，而是以裁判的先例为素材，以预见将来的裁制为目的"①。这样，解释就成为沟通主体（解释者）与客体（法律文本）的中介。② 单一的、专制的解释结论就不再存在了，解释结论的选取，最终是由特定的价值判断来决定的。

从解释的本体论上看，任何社会科学都依赖一定概念的预设③。就概念的预设而言，它的前提是类型学，"即预设了某种经验在具备同等条件下可以重复使用。它构成了我们尝试解释的动因，也构成了解释活动自身的价值。"④那么，解释要有一个前提和背景，需要预设一种共同的语词，不仅仅是在外观表述上共同的语词，而是内在界定上具有可通约性的共同语词作为背景。因此，本书在涉及设立中公司的基本要素，均以概念的区分和界定入手。对概念的确定在法学研究中是非常重要的，试想，一个概念如果有数个相抵触的意义，一个概念不精确而各种混淆与误解掺杂，在这个概念基础发展起来的学术探讨平台只会有一个结果，那就是，在各自的概念的想象的空间无限延展，表面上是新的观点，新的见解层出不穷，但实质上是一种缺少学术共识的引导的学者之间自说自话，是从各自的视野与爱好随意选择研究起点，它的结局必将导致混乱。在关于公司设立中构造出的若干概念，比如"发起人"、"章程"，比如探讨设立中公司性质时使用的"无权利能力社团"、"非法人团体"这些概念，由于内涵不清，外延不确定，使得我们在作进一步探讨时陷于迷茫和不可知。

本书采用的法解释方法，囿于选题的研究目的的限制，所谓的法解释学是"部门法学意义上"的解释方法，它的特点和生命力即在于应用性、技

---

① 梁慧星：《民法解释学》，中国政法大学出版社 1995 年版，第 190 页。
② 所谓的后现代解释学几乎都很关注这一点，典型的如：Ricoeur, Paul. *Time and Narrative.* tr. by Kathleen Blamey and David Pellauer. Chicago：University of Chicago Press，1988。
③ ［英］安东尼·吉登斯著，文军等译：《社会理论与现代社会学》社会科学文献出版社 2003 年版，第 20 页。
④ 王人博："给无知一点谦卑"，载《中国书评》第 1 辑，广西师范大学出版社 2005 年版，第 18 页。

术性和可操作性。所采用的是狭义法解释方法中的文义解释。比如对中国公司章程的文本分析、对公司法出资规则的解释等。

（二）以现行公司法的文本为研究视角

现今一个普遍的研究进路,涉及制度问题,均致力于追寻制度间的变迁和因果关系。路径依赖无疑会对公司的设立规则产生影响,比如在文章的本论中关于"最低资本额"规则的取舍之辩中,"路径依赖"是支持最低资本额的理由之一。虽然本书局部承认并采用路径依赖对设立规则的影响,但是更多的,是将法律作为"当下的一个重要的规则性存在"。① 就此,许章润先生阐释,法律应当永远是对于生活本身固有情形的忠实表述。换言之,任何法律总是现实的规则,立于生活现实并对生活现实作出自己的反映。此处的现实,"不仅意味着当下的,同时并略略带有前瞻的意味。"

基于此,虽然历史化的研究,可以为我们提供可以供对比的文本,也可以使后来者在规则制定时获得较多的预备资料,但是这样一种思维训练在"当下"公司规则,包括设立中公司规则的设计中是有限的。过去不能复制,它不能被触摸也不能在当下被感知,在对收集到的有关公司设立法律问题的众多资料的取舍中,本文舍弃了有关公司设立政策演变的资料,也放弃了对我国曾经采用过的公司设立规则的历史化考察。

（三）比较方法

我国的公司法无疑是舶来品,包括 2006 年实施的公司法文本,它被认为是吸收了世界先进公司法的全部具有竞争力的规则,这也反映了公司法规则的趋同趋势。笔者主张我国公司法的设立规则,应当或者说是必然要以先进国家的公司法理念为指导。在研究方法上,笔者还想再探讨一下"比较"这种研究手段。

---

① 许章润:"法律的实质理性",载《中国社会科学》2003 年第 1 期。

1. 法律规则本身的公共产品属性,使得我们可以非常便利的对世界各国的公司设立规范进行梳理,可以极为便利的为我国公司设立规则的建立开具"药方"。但是公司实践是一个非常具体的问题,从法条的比较本身就可以得出中国设立中公司规则的结论吗? 答案显然是否定的。"任何一个层面上的发现,都有助于另一个层面上的研究,但决不能完全解释那一层面发生的现象。"①

2. 对法律文本移植的取舍,不仅仅是考虑法条本身的正确性、简约性、可操作性,还有一个非常重要的原因就是,我们在比较法律文本时,主观立场背后的价值态度正在发挥作用。也就是,在对材料的运用上,我们只会选择认为有价值的,可以为自己所用的,可以证明自己所提出的这个论点的规则。再加之材料繁多给我们提供了一个自主的选择的自由,是一个主观意愿见之于客观对象的过程,因此,不可能是对客体的再现和照相机般的重复。

3. 纯粹的法律文本的比较和借鉴,不能掩盖采用这个法律制度,或者一条法律规则背后的法律变革的价值倾向。也就是,"我们究竟需要什么"决定了"我们选择什么"。英国著名法律史学家、比较法学家阿兰·沃森(Alan Watson)认为:法律移植是"一条规则或者一种法律制度自一国向另一国,或者自一个民族向另一民族的迁移"。② 但事实上,这种法律移植是表面的,它看重的只是制度和规则的移植,而忽视了移植可能带来的种种南橘北枳的现象。正如英国著名法律史学家梅特兰指出的那样,甚至一个极其微小的事件,也有可能在未来的法律移植历史游戏中发挥至关重要的作用。如对于为什么英美法没有移植罗马法,梅特兰的观点与众不同,他认为,专业法语法律语言(law French),在阻碍罗马法移植

---

① [美]大卫·雷·格里芬:《后现代科学——科学魅力的再现》,马季方译,中央编译出版社1998年版,第10页。

② Alan Watson, Legal Transplants: *An Approach to Comparative Law*, 2nd ed., Athens and London, The University of Georgia Press, 1993, p.21.

上发挥了至关重要的作用。① 在美国日趋成为世界政治和经济领头羊的年代,各国公司法受美国的影响都比较大。我们必须要注意的问题是我国公司法的法律移植的边界。

在导论的叙述结束时,仅仅以以上文字简单介绍本书的研究对象产生的缘由以及我对材料取舍的态度。

---

① Sir Feederick Pollck & Ferideric Willam Maintland, *The History of English Law: Before the Time of Edward*, 2nd. Vol: 1, reissued with a introduction by S. F. C. Milson, Cambridge University Press, 1968; James B. White, *The Legal Imagination*, Boston: Little, Brown andCompany, 1973, pp. 6—7.

第一部分

设立中公司本体基本理论

第二章

设立中公司的界定

Chapter 2

本章首先讨论设立中公司的定义,目的是为后文作一个铺垫,旨在为下文讨论设立中公司的法律地位以及构建设立中公司的本体论提供一个前提性说明。

第一节　现有设立中公司概念的检讨

从笔者现掌握的资料来看,设立中公司,包括与这个术语相联系的某些概念的界定和使用是混乱的。本节的着眼点仅限于概念的解释和这些概念使用范围的确定。

一、概念综述

"概念"①在理性认识中具有工具性的地位。它

---

① 在法哲学中,概念和范畴之间没有实质区别,"范畴是内容更为抽象、概括性也更大的概念。"张文显先生认为"这是对范畴和概念的关系的清晰的解释。"见张文显:《法哲学范畴研究》,中国政法大学出版社2001年版,第2页。本书为一般性叙述的需要,采用"概念"这一术语。

常常是利用一个独立的词来给出语言上的界说,其目的是标明界限或使一种事物与其他事物区分。设立中公司在虽为一个学理上的概念,在我国公司立法中没有体现。但是对设立中公司概念的确定仍然十分必要,因为,若无设立中公司这一概念,那么,在设立程序中发起人为公司取得的财产,首先应归到发起人名下,待设立登记完毕后,还需履行由发起人向公司移转的手续。"这种程序,不仅缺乏经济性,而且向公司出资的财产成为发起人个人债务的责任财产的一部分,从而会出现要服从于其债权人的强制执行的问题。"①这无疑反映了设立中公司在经济实践中的实际状况。

基于设立中公司概念存在的必要,我国相关司法解释规定了"设立中公司"。如:《江苏省高级人民法院关于审理适用公司法案件若干问题的意见(试行)》第 34 条规定,"设立中公司是指为履行公司设立必要行为而存在的组织,始于公司章程或设立协议签订之日,终于公司营业执照签发之日"。②《最高人民法院关于审理公司纠纷案件若干问题的规定(一)(征求意见稿)》第 4 条第 2 款规定,"公司有证据证明出资人或者发起人冒用设立中公司的名义,为自己的利益与他人签订合同,向公司转嫁债务,且合同相对人知道或者应当知道,公司请求行为人自行承担责任的,人民法院应予支持。"③可见,在司法实践中,我国是承认设立中公司这种团体的。

就公司法学理来看,学者从设立中公司的存在目的、设立中公司的存续时间、设立中公司的性质等几个方面来描述设立中公司。设立中公司具有下列特征:

1. 是具有起始时间的团体。设立中公司以一定的外在标志为起始

---

① [韩]李哲松著、吴日焕译:《韩国公司法》,中国政法大学出版社 2000 年版,第 160 页。

② 2003 年 6 月 3 日江苏省高级人民法院审判委员会第 21 次会议通过。

③ 2003 年 11 月 4 日通过,虽然该征求意见稿尚未生效,但是代表了法院就设立中公司责任承担的态度倾向。

点,并终止于设立目的完成或不能完成时。但是关于起始点的外在标志却有很多争议。通说的观点认为设立中公司始于章程订立时,终止于公司成立或公司不能成立。如:

柯芳枝认为:"所谓设立中公司,系指自订立章程起至设立登记完成前尚未取得法人资格之公司而言。"赵旭东也持相同的观点:"设立中公司系指自订立公司章程起至公司登记成立前进行公司设立事项的组织体。"①但也有学者认为,设立中公司始于名称取得时或设立协议签订时或发起人认购股份时。本书认为设立中公司的起始时间认定为发起人协议签订时更为严密,其理由后文详述。

2. 是以完成一定任务为目的的组织。关于设立中公司的目的是非常明显的,那就是以"取得法人资格为目的"。

3. 是不具备法人资格的组织体,但是具有团体性。设立中公司以团体名义从事设立活动。其团体性表现在:(1)在团体的构造上,设立中公司作为一个整体对外发生关系,其成员的变化对团体的存续不产生影响;(2)在事务的执行上,设立中公司具有自己的机关,其以发起人、董事会、创立大会作为其机关,在事务执行中,代表人是以团体机关身份执行团体事务。(3)具有团体意思。意思机关的意思是和成员个人意思相区分的。设立中公司作为一个整体,以自己的名义对外进行民事交往,发起人作为其意思机关。(4)具有独立的财产。设立中公司具有和发起人相对独立的财产。

4. 设立中公司是具有有限人格,可以享有部分权利能力、行为能力、责任能力的组织体。设立中公司具有有限人格,这一点使得它和法人相区分,又和合伙不同,可以说,它是介于二者之间,但是更接近于法人性质的一类组织体。

---

① 赵旭东主编:《新公司法制度设计》,法律出版社 2006 年版,第 14 页。

二、设立中公司概念评析

就上述对设立中公司的界定而言,现有概念的显著不足在于,学者描述的设立中公司的上位概念本身并不确定。如:

1.将"设立中公司"和"公司"混同,视设立中公司为一种有限制条件存在的公司。如:"设立中公司,谓自订立章程起至设立登记完成前尚未取得法人资格之公司";①"设立中公司,系指公司名称取得时起至设立登记完成前尚未取得法人资格之公司"。② 虽然柯芳枝先生在给出定义后接着阐述道,"按公司为社团法人而享有人格,则设立中公司因尚未取得人格,论其性质,应属无权利能力社团。"但在概念的确定上,并没有将设立中公司和公司区分开来。这属于模糊甚至错误的概念定位。

2.将设立中公司的上位概念定位于"组织体"。如"一般认为,所谓设立中公司,是指从公司的设立合同(章程)的订立生效开始,至在工商登记部门获准登记成立时止,以取得法人资格为目的,但尚未取得法人资格的过渡性组织";③这个定义反映了设立中公司的性质,但"组织"这一术语并非纯粹法律用语,何为"组织"并不确定。

3.将设立中公司的上位概念定位于"非法人团体"。这是本书赞同的设立中公司的性质归属,但就"非法人团体"这一设立中公司的上位概念的确定也因其本身外延划分不确定而使人备感迷惑。如梁慧星先生认为:"所谓非法人团体,指虽不具有法人资格但可以自己的名义从事活动的组织体。这种非法人而具有某种主体性的组织体,在德国称为无权利能力的社团,在日本称为非法人社团和非法人财团,在我国台湾地区称为

---

① 柯芳枝:《公司法论》,中国政法大学出版社 2004 年版,第 136 页。
② 杨联明:"设立中公司的法律地位研究",载《河北法学》2003 年第 3 期。
③ 童兆洪主编:《公司法法理与实证》,人民法院出版社 2003 年版,第 5 ~ 7 页。

非法人团体,在中国大陆称为非法人团体或非法人组织。"①基于上述表述,非法人团体和无权利能力社团只是称谓有异,二者没有实质上的差别。但是王泽鉴先生对无权利能力社团和非法人团体进行了区分。在王泽鉴先生的概念体系中,团体下分法人和非法人团体,非法人团体下为无权利能力社团、设立中社团、合伙,此三者为并列概念。王泽鉴先生用下图显示团体的划分:

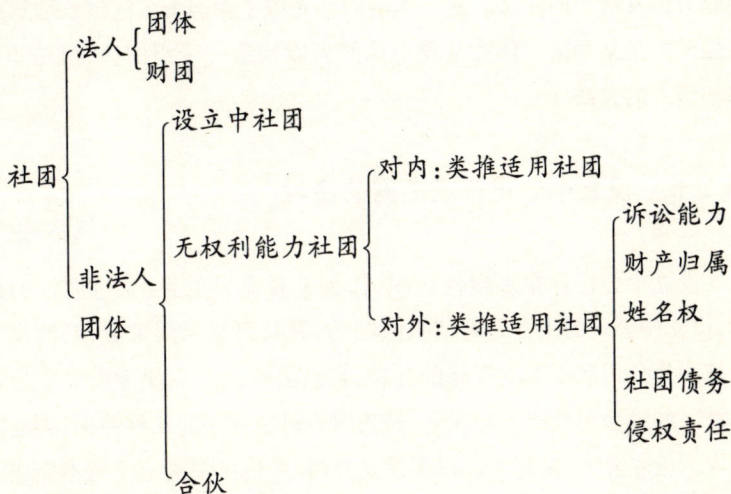

（此图摘自王泽鉴先生《民法总则》②。）

从两位民法权威学者对非法人团体的不同界定,我们可知对"设立中公司"的种或族概念的界定也是模糊的。因为,这样的概念界定会存在下列问题,虽然下列表述是就"法律"这个一般概念的界定而言,但我认为对专门术语的概念界定也存在相近的困惑:"但是,这种定义形式并不总是有效的,在它有效的时候也不一定能够说明问题,它赖以成功的那些条件往往是无法满足的,其中最主要的条件就是应当有一个比被定义项更广泛的族或属,我们了解这个族或属的特征,所下的定义在此特征的范围之

---

① 梁慧星.《民法总论》(第2版),法律山版社2001年版,第141～142页。

② 王泽鉴:《民法总则》(增订版),中国政法大学出版社2001年版,第196页。

内指明了被界说的事物所处的位置;显然,如果我们对族的特征不甚明了,那么,此种告诉我们某物属于某族的定义就不能给我们提供帮助。"①

因此,要对设立中公司定义明确,其首要条件是明确"非法人团体"或者"无权利能力社团"的概念。非法人团体强调的是组织体在法律定性上不属于法人组织,而是法人以外的组织体。这种思路是以民事主体的"自然人－法人"的两分模式为前提;"无权利能力社团"则是从组织体的权利能力出发所作的定义。这一术语的首先源于德国著名法学家基尔克。②它强调的是某些组织体在法律上虽然可以构成一个组织体,但是却存在权利能力的欠缺。

第二节　设立中公司存续期间的检讨

设立中公司并非永续性组织,作为一种有目的性的、过渡性的组织体,设立中公司的生存是有期限限制的,就其终止时间来看,既然设立登记被视为公司取得法人资格的标志,自然公司的起点便为设立中公司的终点。如果公司最终不能成立,如我国公司法列举的几种情况:创立大会决议不设立公司、发起人决议不设立公司、登记机关决定公司不能成立等事由发生时,设立中公司的使命无法完成,自然也应当终止。因此,将"完成设立目的"或"不能完成设立目的"作为设立中公司的终止时间是妥当的。但就设立中公司的起始时间,学理上却意见不一致。概观之,有"章程订立说"、"认股说"、"订立公司章程并认购一股以上股份说"、"发起人协议订立说"等。如:"设立中公司,……始于公司章程或设立协议签订之日,终于公司营业执照签发之日"③;再如,设立中公司始于"发起人订立

---

①　[英]哈特著,张文显等译:《法律的概念》,中国大百科全书出版社 1996 年版,第 16 页。

②　Otto von Gierke, Vereine ohne Rechtsf? higkeit nach dem neuen Rechte, 2. erg. Aufl. Berlin: H. W. Müller , 1902.

③　《江苏省高级人民法院关于审理适用公司法案件若干问题的意见(试行)》(2003 年 6 月 3 日江苏省高级人民法院审判委员会第 21 次会议通过)。

公司章程且第一次发行的股份总额已认足"①等表明了司法实践或学者对设立中公司起始时间的认识分歧。

无论是"章程标准"、"认股标准"或"章程、认股双重标准"均将设立过程分阶段考虑：即分为发起人合伙和设立中公司。本书认为这种区分的意义不甚明显。

其一，从发起人协议订立生效之时起；发起人之间便形成了设立公司的共同理念，随之各种设立行为即将付诸实施，发起人协议确定各发起人之间的权利义务的归属，可以视为发起人之间团体意思的形成，一个团体雏形初步形成。

其二，订立书面发起人协议虽不是公司设立必要的法律行为，但是，签订发起人协议，或者以口头形式对设立内容进行约定是符合发起人的主观意图的，不能因为没有在公司法中强制性的规范便将其地位抹杀掉。

其三，设立前公司和发起人合伙的存续时间无法区分。

其四，在我国司法实践中，也承认设立中公司开始于"发起人协议订立或者公司章程订立"（见上文江苏省高院的"意见"），设立中公司始于发起人协议订立时是得到司法实践认可的。

笔者认为，设立中公司始于发起人（筹建人）②订立设立协议，止于设立登记或者公司不能成立之时。该结论可以通过章程生效时间、章程的功能与设立中公司作为设立阶段唯一主体相矛盾来得到论证。

一、章程生效时间与设立中公司的起点

首先，章程在公司成立后可以确定地发生效力，它仅在公司成立后才可对外称为公司章程并对抗第三人。

---

① 张文龙：《股份有限公司法实务研究》，汉林出版社1997年版，第35页。
② 发起人、设立人、出资人等在不同国家的含义不尽相同。我国没有区分发起人和设立人，二者可以通用。

其次,在公司尚未成立时,章程何时起对设立中公司发生内部效力?这个问题需要区别对待,也即,章程对内发生效力的时间,因所要设立公司不同而有差异。

股份有限公司中,章程在发起人交付出资或者经公司创立大会批准之后,成为公司的组织准则与行为准则,非经一定程序不能变更。但是,这种"生效"是附解除条件地发生效力,一旦发生公司登记机关拒绝批准章程的事实,公司章程就失去效力。①

有限责任公司中,章程要经过参与制定的全体股东同意。但是对章程生效时间,即使在表述上认为"章程是公司设立的必要条件"的学者,也认为"有限责任公司章程制定后,并不立即发生效力,而是随着公司的成立发生效力"。也就是说,否定章程在公司设立阶段发生效力。② 另一种观点并没有这么绝对,承认有限责任公司的章程在设立阶段即生效,也就是章程对设立时股东以全体股东签字盖章时起产生内部效力。

在公司设立阶段,如果章程和发起人协议就发起人的权利义务产生冲突的话,应当以发起人协议为解决纠纷的依据。而且,以章程作为设立中公司存在的起始时间,会产生过于延后的弊端。如果依据王保树先生的观点,只有在章程得以通过或者被批准,再加之公司成立被批准时,章程才能生效,那么,将公司章程作为设立中公司的起始时间就更不适宜。

二、章程功能与设立中公司的起点

章程主要是规范公司成立后各方行为的。从功能角度来看,公司章程既是公司内部的契约,又是公司事务公开性的手段。我国《公司法》第11条后半句规定了公司章程的效力:"公司章程对公司、股东、董事、监事、高级管理人员具有约束力。"这表明公司章程具有内部功能,需要反映

---

① 江平、方流芳主编:《新编公司法教程》,法律出版社 2003 年版,第 176~177 页。
② 王保树、崔勤之:《中国公司法原理》,社会科学文献出版社 2000 年版,第 69 页。

公司与股东、股东与股东的权利义务关系,并要规定公司组织机构的设置、职权以及议事规则等以维护公司运转。但是,章程的这些功能均表明章程是公司的法律基础,是成立后公司的自治性规章,但尚不能得出章程要规定设立中公司的组织机构或治理机制,章程要规范设立中公司发起人或其机关的行为。因此,章程对设立中公司是不具有约束力的,将其作为设立中公司的起始点不够恰当。

公司法一般均规定了公司设立行为中需要包括制定公司章程,无疑,章程制定是为公司设立的必要行为要件。但是,制定章程是公司设立阶段的必备行为,并不能反向推导出,章程是公司设立要件之一。

学者的结论可能来源于法律的规定。如我国《公司法》第 23 条、第 77 条的表述为:"设立有限责任公司(股份有限公司),应当具备下列条件……"条件之一即为对章程的要求。对上述法律规则,我国学者一般均简称为"公司设立条件",进而理解为,是约束公司设立阶段的条件,并将其主要者列为公司设立要件。笔者认为,所谓"要件",是指如果不具备之,则设立中公司不得成立,似不应当将设立中公司必须进行的行为视为构成要件。《公司法》第 23 条、第 77 条所谓的"设立条件"从立法本意上推导,它们应当是公司成立的充分条件,即不具备这些形式要件,公司不能取得设立登记。

三、认购股份时间与设立中公司的起点

"认股说"的理由,在于设立中公司的存在目的是为公司组织体的完整形式并获得法律上的人格,而人格独立的基础是财产独立,对于公司而言,获得财产基础的途径就是发行股份进行集资。因此,认购股份意味着财产基础的形成而形成法律人格这一过程的开始。再者,设立中公司充其量只是过渡性团体,尚不能类比公司的资本制度来严格限定,所以通说认为只要认购一股,满足已经拥有独立财产的形式要件即可。另外一个

原因,通说似为要将认购股份作为确认设立中公司组成成员的外在表征,满足设立中公司的社团性。

但问题是,社团的表征是什么? 是成员的复数性,还是团体具有独立的和成员财产相区分的财产? 在一人公司理论与实践对公司社团性产生剧烈冲击的背景下,公司社团性理论也开始了对自身的修正,即"社团"不再单纯由成员的复数来表征,而是该团体具有独立的人格。基于此,以认购股份来证明有成员存在,以复数成员的存在来表明设立中公司的社团性,此种观点未免僵化。以发起人认购一股作为设立中公司起点也大有可商榷处。

综上,设立中公司的起始时间可以提前到发起人签订发起协议之时。

四、本书对设立中公司的界定

所谓设立中公司,是以发起人协议的订立为起始点,至公司取得设立证书(或设立清算时)止的这一个时间段内,以取得公司法人资格为目的,具有独立主体地位的非法人团体。无疑,设立中公司绝对不是法律意义上的公司,虽然也有学者形象地将其描述为"胎儿公司",但设立中公司只为一过渡性的社会存在,以促成公司成立为任务,在完成或者不能完成公司获得设立登记证书使命后即归于消灭。设立登记证书的取得是法律借以形式化的标准,借此判断这种设立目的是否实现。

和设立中公司相关联的概念是"设立前公司"。与设立中公司试图说明公司成立前的某种状态的意图相似,设立前公司试图说明设立中公司"成立"前的某一种存在状态。设立前公司也为一纯粹的学理概念。有学者指出:"所谓设立前公司,是指公司出资人或发起人仅签署了约定设立公司的债法合同(即发起人协议),还没有进行设立行为的阶段。具体讲就是处于签订发起人协议与订立公司章程之间的状态。"①

在德国公司法的观念中,也存有设立前公司(Vorgründungsge-sellschaft)的概念。和上述界定类似,所不同的是,它可以以"某个前合同,也就是设立前协议为基础",但并非必须,只要若干人就设立有限公司的目的达成一致,那么就可以认为一个设立前公司已经诞生了。设立前公司和设立中公司区分的临界点是会员协议的缔结并经过公证。"一旦缔结了会员协议并经过了公证,则设立前公司依据民法典第726条的目的就告终结,取而代之的是设立中公司了"。②

从上文对设立前公司的描述可以看出,设立前公司和设立中公司的区别也是以某种标准来判断的。一般地,认为在公司设立阶段,从发起人协议到章程订立(生效)为设立前公司,自章程定理(生效)到取得设立登记证书为设立中公司。两种公司状态的划分仍然是"章程"标准的延续。但本文坚持公司设立阶段主题的统一性和唯一性,设立中公司始于发起人协议订立时,因此,就公司的设立作为一个统一的阶段,故区分设立前公司和设立中公司,在本书中无实际意义。

---

① 赵旭东主编:《新公司法制度设计》,法律出版社2006年版,第14页。龙卫球先生也区分了筹备中法人和筹备前法人。"筹备中法人,指自完成法人设立行为(订立章程)时起至法人成立之前为完成法人设立而从事筹备活动的组织体。""筹备前法人,指数人签署了约定设立法人的债法合同,但还没有完成设立行为的状态。该债法合同具有预约的地位。筹备前法人并非每一个法人设立的必经阶段,而是偶然的。一旦步入此一阶段,视同成立合伙关系。"见龙卫球:《民法总论》第2版,中国法制出版社2002年版,第389页。

② 吴越:"德国有限责任公司法的学说及实践",载吴越主编:《私人有限公司的百年论战与世纪重构——中国与欧盟的比较》,法律出版社2005年版,第330页。

第三章

设立中公司的独立性

Chapter 3

本章的目的是说明设立中公司是独立的民事主体。这涉及对设立中公司的上位概念——非法人团体的法律地位的分析。在民法就除了自然人、法人之外的第三类主体是否承认其主体地位的争论中,目前占据主流的观点是非法人团体是独立主体但是无独立人格,它具有有限人格。在此基础上,本章提炼出设立中公司的差异性,并进而提出并论述设立中公司的独立主体地位。

第一节 通说及其缺陷

一、通说综述

通说认为,设立中公司是非法人团体,其性质为无权利能力社团。概括而言,设立中公司性质的争论有:

1. 无权利能力社团说

《德国股份公司法》第 41 条第 1 款规定,在商业登记簿登记注册之前,不存在上述所说的股份公司。在公司进行登记注册前以公司的名义进行的商业活动者,由个人承担责任。① 我国台湾地区"公司法"对设立中公司性质的通说也为无权利能力社团,即"按公司为社团法人而享有人格,则设立中公司因尚未取得人格,论其性质,应属无权利能力社团,而发起人为其执行事务及代表之机关。"②

针对无权利能力社团说,反对观点认为,设立中公司作为公司雏形,在它完成了股东出资、建立相应组织机构之后,实际上就已经具有行为能力和意思能力,它能够以团体的意思从事一定行为。同时,它在接受股东出资之后,实际上就已经有了独立的责任能力,可以相应的财产承担责任。

2. 非法人团体说

设立中公司的法律性质相当于法理学上的非法人团体。该观点认为,设立中公司是一种非法人团体,即为了某种合法目的而联合为一体的,非按法人的立法规则设立的人之集合体,它可以享有一定的权利和承担一定的义务,其财产受法律保护。③

3. 合伙说

该说认为,将设立中公司界定为合伙并无不妥,关键是看对"合伙"本身的理解。如:"比较而言,无权利能力社团说能够较好地说明设立中公司的性质,且为通说,况且,无权利能力社团也有基于非持续性、非终局性目的而存在的。……合伙说也能说明问题。应当注意到合伙具有双重性,即作为契约的合伙与作为组织的合伙。"④依此观点,设立中公司可以视为作为组织的合伙。

---

① 贾红梅、郑冲译:《德国股份公司法》,法律出版社1999年版,第23页。
② 柯芳枝:《公司法论》,中国政法大学出版社2004年版,第18页;王文宇《公司法论》,元照出版公司2003年版,第84页。
③ 江平、孔祥俊:"论股权",载《中国法学》1993年第5期。
④ 施天涛:《公司法论》,法律出版社2005年版,第134页。在较早时期,也有将设立中公司视为"合伙"的观点,如石少侠:《公司法》,吉林人民出版社1998年版,第78页;曹顺明:"设立中公司法律问题研究",载《政法论坛》2001年第5期。但早期的合伙意指民事合伙,与上文中的组织合伙仍有区别。

就上述观点而言,因为无权利能力社团尚不为我国民法所采纳,将设立中公司的地位表述为非法人团体是我国目前的通说。但是抛开我国民法的规定,单就学理来看,将设立中公司的性质定位为"无权利能力社团"也未为不可。就设立中公司的性质分歧来说,需要解决的问题是设立中公司是否具有"独立人格",是否具有完全的权利能力行为能力,有限人格论是否可以成立。本书认为,上述问题的解决取决于理论上对非法人团体性质的认识。

二、对通说的质疑

在对通说观点进行梳理之后,可以发现上述争议各方均未将设立中公司性质的探讨纳入公司法的视野。究其原因,仍是公司法只规范经过设立登记之后的公司,将登记前的设立中公司形态交由民法来处理。但这样处理会产生下列疑问,既然设立中公司为公司雏形,何以不受公司法调整? 发起人为何要设立一个公司?

本书认为,发起人,不论他是自然人也好,还是法人或者其他组织也罢,有一点是共同的,设立公司是一种社会行为,设立公司的活动是一种社会性活动。"进行社会性的活动(to act socially),具有三层意思:第一,进行这种行动,就是进入制度、习俗、规则、法律等性质属于因俗而成习的脉络(conventional context),参与这些人类为了某些目的而创造的事物;其次,进行这种行动,必须给自己找到一个标杆或目的,以证明这项活动的必要及正确;最后,进行这种行动时,我们诉诸某种价值、向往或理想,作为行动的动机。在这三个层次上,意义皆扮演一定的角色。"① 对意义而

---

① 在"社会学的知识论"一个问题中,Julien Freund 对韦伯的学术有一个总括的介绍,其中涉及社会活动的方法论,对社会行为"意义"的探讨是该篇文章方法论的基础性描述。见钱永祥等译:《韦伯作品集——学术与政治》第三章"韦伯的学术",广西师范大学出版社 2004 年版,第 73 ~ 98 页。

言,还要了解行为人的动机所在,每一项行动,都有其目标,都有其行动的理由。对公司发起人的设立目标,我们经常笼统地归结为"设立一个公司"。虽然公司的成立是设立阶段的终点,但同时,它又是另一个阶段的起点,那就是说,公司得以成立或者说公司进行设立登记,它是公司以法人身份进行商业活动的起点,它是股东(当然包括发起人)获得有限责任的起点。如果不将公司的设立阶段和公司成立后无限的永续性割裂来看,事实上,所有的公司法学者也不会承认自己的研究是将设立中公司和成立后公司截然分开,发起人设立公司的目的是为了使自己作为股东获得法律赋予的有限责任的特权,是为了在商业活动中避免自己个人财产的丧失。

如果考虑到发起人的设立公司的动机,并且将发起人设立公司的行为放在整个公司的形成和不断发展这样一个无限延展的时间纬度来理解的话,那么,我们再看一下通说中设立阶段发起人的设立目的。通说认为,"设立中公司不能独立承担设立责任,而由发起人承担个人责任。公司成立后,由公司承继发起人的责任,如果公司不能成立,则由发起人承担个人责任,也即无限连带责任。"从发起人设立行为的目的是意欲创建一个承担有限责任的公司,发起人的设立动机是为了在商业交往中最大限度地避免除投资额以外自身财产的损失,从发起人主观方面来看,他并不愿意自身承担设立阶段所为民事行为的后果。若要求发起人在设立阶段承担无限责任,这是和发起人设立公司的意愿相背离的。

毫无疑问,发起人的设立行为是一项经济活动,作为商人,利益的最大化是从事商业行为的目标之一,尽管行为的结果并非确定,但行为的动机不容怀疑。因为和自身的动机以及目的尽相违背的行动有何意义呢?那么,没有意义的事情,发起人又有多大的动力去行动呢?在发起人承担无限责任的学理指导下,发起人行动的一种方式便是规避法律,这不是在法律缺位情形下的规避,而是法律抑制商业积极性情形下的规避。

在对设立中公司认识的深入中,德国学理和司法逐渐承认设立中公司应当受到公司法的调整。如"只要经过国家登记或许可才能获得权利能力的社团，都会有这样的设立中公司，因此，它也就是一般公司法的调整对象。"[1]"因此，对设立中公司，除了应当适用会员协议，还应适用有限责任公司法的规定，只要这些规定不以公司登记为前提或者适用这些规定与公司的设立阶段不相符合……此外，尽量用有限责任公司法来规范设立中公司的内部法律关系也符合参与制订会员协议的发起人的意愿。"[2]虽然用公司法规范来调整设立中公司的内部关系目前只是德国学理界的观点，尚未得到立法的承认，但这无疑为我们重新考虑设立中公司的性质和法律地位提供了一个思路，为我们解决如何刺激投资者设立公司的积极性提供了一个可行方案。

上述疑问未能在通说中得到非常令人信服的解释。这几个疑问与设立中公司的性质和法律地位都有关联。重新思考设立中公司的法律地位，对公司设立时主体的重新选择，对设立中公司的机关、对其行为重新以设立中公司的视角来考察，便成为本书思考的对象。

第二节　设立中公司的独立地位

一、设立中公司的法律性质

设立中公司的性质即是要回答设立中公司是否具有权利能力，也就是要讨论设立中公司是否具有独立的人格。设立中公司的法律地位要回答它能否是独立的民事主体。笔者认为，结合设立中公司的内部需要和

---

① ［德］托马斯·莱塞尔、吕迪格·法伊尔著，高旭军等译：《德国资合公司法》，法律出版社2005年版，第431页。

② 吴越："德国有限责任公司法的学说与实践"，载吴越主编：《私人有限公司的百年论战与世纪重构——中国与欧盟的比较》，法律出版社2005年版，第331页。

公司法规则竞争的外部刺激,有必要将设立中公司作为一个独立的主体来对待,设立中公司性质不能被视为民事合伙,其性质更接近于法人。

(一)设立中公司不能视为合伙

"设立中公司"虽然不能和公司一样承担有限责任,但也非传统公司法中被简单地看作是一个合伙组织。认为公司的设立行为,系属合伙契约。此说将合伙与公司混而为一,与法理不合。① 因为设立中公司有一定的财产,有自己的机关,设立阶段的行为应由设立中公司作为主体来实行并由设立中公司来承担相应的责任。

就设立活动而言,设立中公司是设立阶段的唯一主体,该组织体需要由其机关来形成和实施设立中公司的意思表示。设立中公司强调整体意思的形成,它从不同的角度强调了设立主体的团体性。

在德国民法观念中,社团登记需要一定的时间,在登记之前的社团无权利能力。② 对视为合伙的传统态度,大陆法系学说和实务批评非常激烈。一个基本观点是,非法人团体与合伙性质有异,二者本质上为不同的组织体。学者主张,合伙更加强调当事人间的信赖性,是在维护成员的个性基础上形成的共同体,这个共同体并不具有和成员相对独立的整体性。如王泽鉴先生认为:"合伙虽具团体性,但终系基于契约而成立,与各当事人的人格、信用与财产有密切关系,仍未脱离个人的因素。"③目前,德国通说已经抛弃了无权利能力社团为合伙的观点。基于对无权利能力社团性质的再认识,设立中公司不能简单地视为民事合伙。

(二)设立中公司的性质更接近于法人

设立中公司和合伙的性质不同,并且考察设立中公司的外在表征,它追求和其组成成员相独立的团体构造,这和民事合伙的差异较大,和法人的性质则更接近。就法人的性质而言,民法理论对此曾有激烈争论。其

---

① 梁宇贤:《商事法论》,中国人民大学出版社 2003 年版,第 54 页。
② [德]卡尔·拉伦茨著:《德国民法通论》,王晓晔等译,法律出版社 2003 年版,第 208 页。
③ 王泽鉴:《民法总则》,中国政法大学出版社 2001 年版,第 145 页。

中,法人拟制说和法人实在说的影响最大。法人拟制说以"权利义务之主体,应以自然人为限",自然人以外当无权利义务主体可言,法人之取得人格,乃依法律之规定将其拟制为自然人。民法理论对该种观点的批驳已经非常充分,如,郑玉波先生认为:"可见法人之取得权利能力,乃因其与自然人具有同样之社会作用及社会价值之故,然而法人与自然人在取得权利能力一点上并无所轩轾,若必以自然人为真实者,而以法人为拟制者,殊嫌庸人自扰。"[①]另有一种极端的观点,否认法人的独立地位,即法人否认说,该说又分为:无主财产说(目的财产说)、受益者主体说、管理者主体说。"无主财产说"的基本要旨为:"故法人者不过为一定目的而存在之无主财产而已,别无所谓人格之存在也"。"受益者主体说",即"权利之主体乃其利益之归属者,因而认为享有法人财产利益之多数个人,始为实质上之主体。""管理者主体说",可以概括为:"现实担任法人财产之管理者,即为该财产之主体,亦即法人之本体,仍系自然人也。"此说由于和实践不符已经基本被抛弃。法人实在说,认为法人并非法律所拟制的空虚体,乃于社会上有其实体的存在。又可分为"有机体说"与"法人机关体说",即承认法人有团体意思,赋予其人格,而使之成为法人。本书认为,"法人机关体说"在为法人主体地位存在的合理性扫除了障碍的同时,也反向证明了非法人团体成为民事主体的合理性。承认法人是社会生活中存在"实在"的组织体,并非出于法律凭空的拟制,既然法人主体资格的取得是法律对社会生活中组织体的反映,那么同样地,对尚未取得法人资格的非法人团体的主体地位就不能否认。

二、设立中公司的法律地位

在承认设立中公司是一个经济组织,具有有限人格的基础上,学者对

---

① 郑玉波:《民法总则》,中国政法大学出版社 2003 年版,第 162~173 页。

设立中公司是否具有独立的民事主体地位进行了探究。笔者认为,设立中公司应当是独立的民商事主体。设立中公司是否具有独立的法律地位,这是民法对待非法人团体的主体地位的争论延续,赋予设立中公司独立主体地位的理由至少包括下述方面。

（一）对民事主体的再认识

我国《民法通则》规定的民事主体为自然人、法人两大类,立法上并没有确认非法人团体。在民法典修正过程中,学者广泛呼吁承认第三类民事主体,即非法人团体的民事主体地位。李开国先生认为:"我国民事主体包括自然人、法人和非法人团体。"[1]持三主体说学者,以民法通则关于合伙和联营为根据,谓民法通则已经比实际上承认了自然人、法人之外的第三主体,并非毫无理由。[2] 通说中将设立中公司归属于非法人团体,即设立中公司是非法人团体的一个子类。因此,讨论设立中公司地位的前提是对非法人团体的法律定位。

1.非法人团体

在我国民法典修订征求意见过程中,是否在自然人、法人之外增设第三类民事主体,也即是否承认非法人团体的民事主体地位问题,引起了广泛的争议。[3] 非法人团体,其性质通常认为是无权利能力社团。民法学者梅仲协先生认为:"无权利能力社团,即所称非法人团体,系属未经许可,或未为设立登记之团体也。在事实上,此种团体,诚所常见,如学生会,俱乐部,校友会,同乡会等均是。其在法律上之地位,既非若社团之具有独立人格,又与合伙之性质稍异其趣。在特殊情况下,无权利能力社团,亦得独立为权利义务之主体。例如,无权利能力社团,有诉讼能力。又如对于社团之财产,得独立开始破产程序。"[4]对非法人团体的认定,我国通说

---

① 李开国著:《民法总则研究》,法律出版社 2003 年版,第 117 页。
② 梁慧星:《中国民法典草案建议稿附理由》,法律出版社 2004 年版,第 119 页。
③ 王利明:《中国民法典学者建议稿及立法理由》,法律出版社 2005 年版,第 195 页。
④ 梅仲协:《民法要义》,中国政法大学出版社 1998 年版,第 74 页。

所持的观点相同。如:"所谓非法人团体,指虽不具有法人资格但可以自己的名义从事活动的组织体。这种非法人而具有某种主体性的组织体,在德国称为无权利能力的社团,在日本称为非法人社团和非法人财团,在中国台湾地区称为非法人团体,在中国大陆称为非法人团体或非法人组织。"①

非法人团体具有下列特点:

(1)是相对稳定的组织体,一般设有代表人和管理人,有自己的名称、组织机构、组织规则,有进行业务活动的场所。团体的行为与成员的变更无关。

(2)不具有法人资格。现实生活中非法人团体表现为下列组织体:合伙、个人独资企业、企业法人的分支机构、筹建中的法人、不具备法人条件的中外合作企业和外资企业、行政单位或企、事业单位开办的不具有法人资格的经营实体、不具备法人资格公益团体。

对无需经过登记存在的非法人团体,传统民法一直否认其独立的主体地位。这是坚守如下逻辑推理的产物:团体和团体人格不能等同,团体的产生先于团体人格,非法人团体虽为现实存在体,但是民法并不是将现实世界的一切团体都确立为法律关系主体,除了具有名称独立、意志独立、财产独立、责任独立这些外在表征外,团体能否成为民事主体,还需要法律的许可,也即,法律依其特殊认识选择一定的实体,来充当权利主体,赋予承受法律关系的能力。具体而言,有两种代表性的观点:

其一,非法人团体是具有"受限制的"或者"相应的"民事权利能力和民事行为能力的组织,不能完全独立承担民事责任。这种表述是目前关于非法人团体性质的通说。如梁慧星先生认为,"应当承认非法人团体在一定范围内具有权利能力和行为能力。非法人团体之享有人格权,与法人无异,亦即在权利能力和行为能力上,非法人团体与法人并无实质性的

---

① 梁慧星:《民法总论》(第2版),法律出版社2001年版,第141页。

区别。而非法人团体与法人的实质差别,仅在于前者不具有完全的民事责任能力,即非法人团体不能清偿债务时,应由该非法人团体的设立人或开办单位或上级承担连带责任。"①

其二,非法人团体具有主体地位,但不具有团体人格。此观点为尹田先生所倡导。尹田先生认为:现代民法承认非法人团体的"主体资格"(包括民事诉讼法承认其当事人资格),反映了经济生活发展的需要。但非法人团体的这种所谓"主体资格",仅仅具有一种形式上的意义。承认非法人团体之形式上的"主体"地位,不等于承认其独立人格,不等于承认其权利能力、行为能力和责任能力。而对于非法人团体则可作如下表述:非法人团体为不具有团体人格但具有"形式上的民事主体资格"的组织。②

2. 人格与行政性登记

对待行政性登记的态度,大陆法系学说和实务批评非常激烈。批判的理由可以概括为:

(1)《德国民法典》第 54 条属于忽视事实的立法上的错误。③ 否认无

---

① 梁慧星:《民法总论》(第 2 版),法律出版社 2001 年版,第 141 页。
② 此结论的做出基于对民法理论中人格的分析基础上。尹田先生在对民法理论中人格分析基础上,对法人团体性人格的之形成进行了分析,他认为,团体人格(法人)的形成取决于三个契机:"实体性契机"、"价值性契机"、"技术性契机"。团体和团体人格的形成不是同步的,其间,法学技术起到了非常关键的作用。从团体人格所表现的不同法律价值来看,团体人格可以分为两个不可分割的侧面:一为"形式人格",即法人得以自己的名义实施法律行为;一为"实质人格",即法人得独立享有财产权利、独立承担财产责任。而非法人团体只具有形式人格,即从表面观之,非法人团体能够以自己的名义实施法律行为,似乎也能够行使财产权利和履行财产义务。但它不具备实质人格,即"从实质考察,非法人团体既不能自己享受任何权利,也不能承担任何责任"。尹田先生从财产所有、行为能力、责任能力三个方面来论证:首先,非法人团体尽管拥有一定财产,但其不能成为财产的所有人;其次,它不具有真正意义上的行为能力。非法人团体能以自己的名义实施法律行为,但不能承受法律行为的后果(法律行为所创设的权利义务并不归属于非法人团体);第三,非法人团体具有部分责任能力的观点也是难以成立。因为非法人团体本身并不享有财产所有权,故与其说非法人团体是用"自己"的财产清偿债务,不如说是以"他人"(法人、合伙人、开办人或社团成员)的财产清偿"他人"的债务。见尹田:"论非法人团体的法律地位",载《现代法学》2002 年第 5 期。
③ 李开国著:《民法总则研究》,法律出版社 2003 年版,第 117 页。

权利能力社团的主体地位首先出现在《德国民法典》中,《德国民法典》第54条规定:"无权利能力的社团,适用关于合伙的规定。基于以此种社团的名义对三人实施的法律行为,行为人亲自负责任;二人以上实施行为的,行为人作为连带债务人负责任。"①在德国民法观念中,社团登记需要一定的时间,在登记之前的社团无权利能力。② 虽然商业公司未规定在德国民法中,但该种观念得到延续。如《德国股份公司法》第41条第1款:在商业登记簿登记注册之前,不存在上述所说的股份公司。在公司进行登记注册前以公司的名义进行的商业活动者,由个人承担责任。③

(2)龙卫球先生在介绍德国民法学者评价登记制度时指出,德国学者主张引入具体权利能力概念,承认未登记社团具有与其组织特点相适应的部分权利能力。如德国学者亨克尔(Henckel)就极力主张突破无权利能力的限制,承认所谓无权利能力社团具有部分权利能力。④

(3)主张承认事实法人。对民法中不承认某些社团权利能力的规定,一般认为这是法人登记制度的产物。如"(德国)民法典对无权利能力社团做出如此不妥当的、不利的规定(笔者注:指各国为了维护登记制度,有意将未登记的社团排除在法人之外),并非出于立法者的疏忽。毋宁说,这是一种蓄意的做法,其目的在于促使社团取得权利能力。这一政策,与立法者在19世纪末叶对追求政治、宗教或社会宗旨的社团所持的不信任态度有关……这一规定并没有达到其预期的目标"。因此,"在《社团法》

---

① BGB §54: "Auf Vereine, die nicht rechtsfahig sind , finden die Vorschriften uber die Gesellschaft Anwendung. Aus einem Rechtsgeschaft, das im Names eines solchen Vereins einem Dritten gegenuber vorgenommen wird, haftet der Handelnde personlich; handeln mehrere, so haften sie als Gesamtschuldner. 此资料为吴越先生提供。中文译本可以参见陈卫佐译注,《德国民法典》,法律出版社2004年版,第14页。

② [德]卡尔·拉伦茨著:《德国民法通论》(上册),王晓晔等译,法律出版社2003年版,第208页。

③ 贾红梅、郑冲译:《德国股份公司法》,法律出版社1999年版,第23页。

④ 该段关于登记的观点,见龙卫球:《民法总论》,中国法制出版社2002年版,第408~414页。

第 2 条第 1 款中,社团概念与权利能力无关。"①

在学者激烈的批判下,德国对待无权利能力社团的态度发生了变化。虽然立法上,大陆法系国家尚没有完全承认无权利能力社团的主体地位,但是一般赋予其诉讼主体地位(或者是消极的诉讼主体地位)。我国《民法通则》尚不承认非法人团体为独立主体,民事主体现局限于自然人和法人。但是在对民法典修正的讨论中,非法人团体的主体地位被学者高度关注。梁慧星先生负责的主持的中国民法典研究课题组草案,将非法人团体与自然人和法人并列,对三类主体分别做了规定(草案第 88 条到第 93 条)。随着社会实践的发展,我国的立法实际上已经给予某些组织以民事主体资格。如我国的《合同法》、《担保法》、《合伙企业法》的制定和实施。我国《担保法》规定,法人分支机构在法人授权范围内,得以自己的名义订立担保合同。这一规定,在立法上承认了非法人团体的合同主体地位。于 1999 年 3 月颁布的《合同法》第 2 条规定,自然人、法人之外的"其他组织"(非法人团体),成为合同主体。同时,该法还于第 50 条关于法人的法定代表人越权行为的规定中,将"其他组织"的"负责人"与法人的法定代表人予以并列,从而在立法上更为明确地确定了非法人团体的合同主体地位。就诉讼主体地位来看,我国民事诉讼法也肯定"其他组织"可以作为诉讼主体,如《民事诉讼法》第 49 条规定:"公民、法人和其他组织可以作为民事诉讼的当事人。"

由此可见,除了自然人、法人外,承认非法人团体的主体地位的呼声越来越高。

(二)对法人性质的再认识

法人实在说可以从另一方面论证非法人团体的主体地位。民法理论中,法人的性质曾经是引起激烈讨论的重大问题。其变化历程基本可以概括为"法人拟制说"到"法人实在说"的变化。

---

① 梅迪库斯:《德国民法总论》,邵建东译,法律出版社 2000 年第 1 版,第 853～854 页。

否认法人独立性各种学说,其根源都在于康德思想影响。持这种学说最有名的代表人物是萨维尼。萨维尼本来就是康德和黑格尔哲学的追随者,他极端崇尚近代的自由主义。因而在他构建的体系中,个人以外的人是没有地位的。而且,在对德国民法学影响极大的康德哲学中,人不是生物意义上的人(Mensch),而是伦理学意义上的人(Person),是被法律构造的表述法律主体的概念,指向法律上的主体能力。正因为此,萨维尼认为团体人格并不是基于法人的本质产生的,而是为法律所拟制的,即法人之为主体,取得人格,是法律规定就某种团体拟制的结果,而是纯粹的拟制物,是观念上的整体。另外一个原因是认为作为人为构造的组织体,法人并不具有意思属性,也没有行为能力。①

而与萨维尼齐名的另外一位伟大的德国法学家基尔克则完全摒弃了萨维尼的思路。基尔克的核心观点是法人本身是社会的生活单位,是社会现实的独立实体。他认为,法人并不是立法者创造行为的结果,而是一种"社会和历史行为",一种"生活力量"(living force)。"我们需要的不是国家的承认(recognition by the state),因为我们需要的是法律的承认(recognition by the law)"。因此,对于法人,国家的作用不是创造(creation),而是承认(recognition)。②

拉德布鲁赫指出,人们始终不能令人信服地回答法人是像自然人一样坚固的主体,还只是技术性的主体或者说并没有真正独立结构的实体:"即这种法人的人格是否根据法律而产生、拟制或先已存在,它们是否只有法律上或法律前的现实,它们仅相对于法律存在或不依法律存在?进一步说,此处便产生一个问题,即,如果法律的确严格地将团体的权利和其成员的权利区分开来,那么团体的利益是否要完全地融在其成员的

---

① Frederick Hallis, *Corporate Personality: A Study in Jurisprudence*, Oxford University Press, 1930, ff. 3.

② Frederick Hallis, *Corporate Personality: A Study in Jurisprudence*, Oxford University Press, 1930, p. 141.

利益之中,这种法律是否也不过是因技术上的理由而区分⋯⋯也就是说,团体的这种独立权利是否可用来保护独立的团体利益?"①事实上,这种观点多少误解了萨维尼与基尔克观点的相同之处。应该说,基尔克的观点表明了一个很重要的思路,就是法人是法律承认的结果,而且,这种承认是法律选择的结果。就这一点而言,基尔克与萨维尼并没有任何区别。国内学者对基尔克的法人实在说的误解也在于此。正如美国学者约翰·格雷指出的那样,所谓社团,"是国家已授予它权力以保护其利益的人有组织的团体,而推动这些权力的意志是根据社团的组织所决定的某些人的意志。"②这表明,即使基尔克也没有排除法律对法人的拟制,即对"人"的拟制。这一点,无论在英美法还是大陆法中都是一样的。

　　顺着这一思路,我们可以发现,法律是否承认某一个组织是法人,主要考虑的是两个问题:第一是法人的能力,即所谓的意思能力和行为能力;第二是能不能让其成员承担有限责任。目前,几乎所有国家对第一个问题都没有任何疑问。随便翻开任何一个国家的民法典,都可以看到承认法人行为能力的规定。如《瑞士民法典》在第 54 条明确规定:"法人依照法律或章程设立必要的机构后,即具有行为能力。"③第 55 条规定:"法人的意思,由机构表示","法人对其机构的行为及其他行为承担责任。"④而需要注意的是,法人拟制的并不是法人的行为能力,而是法人的人格。从这一角度而言,所有的组织体都有行为能力。需要强调指出的是,虽然大陆法系国家几乎已经完全承认了法人实在说,我国学者也几乎完全接受了这一观点,但是,我们不能否认这样一个现实:在现代法治国家,主体资格几乎是实体法选择的结果。

---

① 拉德布鲁赫著:《法学导论》,中国大百科全书出版社 1997 年版,第 63 页。

② John C. Gray, *The Nature and Sources of the Law* 51, 2ⁿᵈ. Boston, 1938, p. 25.

③ ZGB: ART. 54: Die juristischen Personen sind handlungsf? hig, sobald die nach Gesetz und Statuten hiefür unentbehrlichen Organe bestellt sind.

④ ZGB: ART. 55:1 Die Organe sind berufen, dem Willen der juristischen Person Ausdruck zu gebe.

（三）对设立中公司补充责任的认识

在否定非法人团体独立主体地位的观点中，"补充责任"的责任分配原则也是成为否定非法人团体可以成为民事主体的一个重要理由。所谓"补充责任"是指，团体首先以自有财产承担责任，其次，在团体不能完全承担责任的情况下，由成员承担连带责任。换句话说，在没有独立财产所有权的基础上，这些团体无法独立承担民事责任，债权人从这类团体那里无法得到充分清偿。如果承认这类团体的主体地位，债权人请求非法人团体背后的成员来承担责任似乎与法理相悖。但是，上述观点的错误之处在于民法中的人格要求团体具备责任能力，而不是责任的大小。是否能够独立承担民事责任并不是社会组织取得民事主体资格的决定性条件，并且，责任能力和实际承担责任不同，以不能独立承担民事责任为由否认非法人团体的主体性欠缺说服力。这和在公司设立时，无权利能力人能否成为公司发起人的理由类似。即责任能力与责任承担是在两个不同的层次上使用的概念。

设立中公司和成立后公司为"同一体"关系，其常态应当是设立中公司顺利过渡为成立后公司。在首先将设立中公司视为无权利能力社团的德国，司法判例和学者也开始重新思考设立中公司的法律定位。这种转变，体现在从"预设负担禁止"原则到"前期负担责任"原则的变化。

德国法中资本筹集原则禁止在登记前对公司财产设定负担，以防止公司初始资本在公司成立之前便减少。但是联邦法院通过法官造法活动使得法律上拒绝的态度得到了缓解。如联邦最高法院的判决（BGHZ 80，129）取消了禁止前负担禁令，引入了股东的有限个人责任，即"差额责任"。在另一个判决中（BGHZ 134，333），联邦最高法院部分地确认了前期负担责任。即："在公司获准注册之前，并且在公司内部关系中股东必须承担无限的个人损失弥补责任；如果在公司登记之时已经资不抵债，则在登记之后该无限责任还将转变成前期负担责任。"

"前期负担责任"原则承认设立中公司可以从事经济活动，与该原则的确定同步,德国学理界对设立中公司的法律地位进行了重新思考。按照立法的规定,如:1892 年颁布的《德国有限责任公司法》第 11 条规定:"(1)有限责任公司在登入公司住所地的商业登记簿之前,不作为此种公司存在。(2)在登记前以公司名义实施行为的,行为人负个人及连带责任。"以及,1965 年颁布的《德国股份法》第 41 条规定:"(1)在进行商业登记前,股份有限公司不作为股份有限公司而存在,在公司登记前以公司名义行为的人,负个人责任;数人行为的,其作为连带债务人负责任。"[①]从立法规定来看,德国立法中尚不承认未经登记的团体为有权利能力的社团。但是在联邦最高法院 1993 年判决(BGHZ 21,242)后,学者的观念发生了转变,即应当将设立中公司作为独立的组织形式,可以按照《有限责任公司法》和公司合同的规定对其调整,只要这些规定不是专门针对具有权利能力的组织的。如,"应当将设立中公司理解为具有特殊性的社团(Vereinigung einger Art),它与待设立的有限公司具有很大的类似性。……设立中有限公司已经受到了团体法的调整,但它毕竟还不是作为财产载体的法人,因此多数德国学者认为设立中公司属于'共同共有公司'(Gesamth and gesells chaft),其财产也属于共同共有的财产"。[②] 有学者评价到,"这种看法是一个巨大的进步,它意味着正式承认设立中公司是一种重要的法律实体,对此不必适用那些不合适的强制性规定。这样法官也就可以创造一些专门适用于这种公司的规定。"[③]

基于主体资格几乎是实体法选择结果而赋予非法人团体民事主体地位的必要性以及设立中公司自身的特殊性,笔者认为,法律承认设立中公司独立的民事主体地位未为不可。

---

① 杜景林、卢谌译:《德国股份法·德国有限责任公司法·德国公司改组法·德国参与决定法》,中国政法大学出版社 2000 年版。
② 吴越主编:《私人有限公司的百年论战与世纪重构——中国与欧盟的比较》,法律出版社 2005 年版,第 331 页。
③ [德]托马斯·莱塞尔、吕迪格·法伊尔著:《德国资合公司法》,高旭军等译,法律出版社 2005 年版,第 430~433 页。

第三节　设立中公司的独立责任

一、设立中公司的责任能力

目前,就设立中公司的责任能力,学界具有代表性的观点一为有限人格论;另一为形式主体资格论。前者意指包括设立中公司在内的非法人团体具有有限责任能力。后者意指非法人团体可以充当合同主体、诉讼主体,具有主体资格,但是不当然具备法人人格,甚至不可能被"视为具备法律人格"。

前述两种主张均否认设立中公司的独立责任能力。在设立中公司为独立民商事主体之情形,这是和民法的基本原则之一——"民事主体一律平等"相违背的。平等原则所体现的是权利能力平等,即民事权利能力抽象意义上是平等的。故在民法中,"人格"是和"民事权利能力"同等的表达。① "民事权利能力,指据以充当民事主体,享受民事权利和承担民事义务的法律地位或法律资格。又称法人格,或人格。"②在不同的民事主体间不存在"相应权利能力论"。毫无疑问,"民事权利能力一律平等"在自然人中没有任何障碍,自然人的民事权利能力是自然人享受民事权利、承担民事义务的资格,对自然人来说,其民事权利能力一律平等。该种民事权利平等是抽象的平等,其人格是抽象的人格。和自然人"天赋人权"的权利能力不同,法人的团体人格纯粹为法律技术的产物。但是若承认设立中公司为一民事主体的情形下,就应当承认它和自然人、法人具有同等的权利能力,而不应当将目的限制这种民事权利能力的具体化看做是

---

① 转引自:法人"在团体成员的多数人之外独立存在的抽象人格",张俊浩:《民法学原理》,中国政法大学出版社1991年版,第169页。

② 梁慧星:《民法总论》第2版,法律出版社2001年版,第63页。

民事权利能力的差异。也即,只要是民事主体即具有抽象意义上的人格平等。

另外,从责任能力角度来看,民法中的独立人格要求团体具备责任能力,而不是责任的大小。因为,是否能够独立承担民事责任并不是社会组织取得民事主体资格的决定性条件,并且,责任能力和实际承担责任二者不可等同,以不能独立承担民事责任为由否认非法人团体的主体性欠缺说服力。这和在公司设立时,无权利能力人能否成为公司发起人的理由是一样的。即责任能力与责任承担是在两个不同的层次使用的标准。可见,责任分担并不能否认设立中公司的民事主体地位。

在前文讨论设立中公司的独立地位时,笔者认为,法律是否承认一个组织体是独立的法人,主要取决于立法者的选择。影响立法者考量的因素主要有两个:一是组织体的行为能力;二是组织体承担有限责任的社会影响。如前所述,几乎所有国家都承认法人可以经由自然人而获得行为能力,因此,这里需要考量的仅仅是第二个因素,即设立中公司能否承担有限责任。

按照传统的理论,承担有限责任是一种法律授予组织体的特权,只有部分经过法律特许的组织才能享有这种权利。即使承认法人实在说的基尔克,也并不承认"无权利能力社团"的有限责任。[①] 这种观念在大陆法上是根深蒂固的。但是新近英美法的学说一定程度上突破了这一限制。最为明显的是英美法上有限合伙的发展。

公司股东的有限责任是公司法上争论最大的问题之一。通常都认为,股东的有限责任是国家对公司授予的特权。[②] 但是也有学者反对这一观点,认为这一特权对债权人是不公正的,而且会导致承担有限责任的股

---

① Otto von Gierke, Vereine ohne Rechtsf higkeit nach dem neuen Rechte, 2. erg. Aufl. Berlin: H. W. Müller , 1902, 52 S.

② Solomon & Collins, Humanistic Economics: A New Model for the Corporate Social Responsibility Debate, 12 *Journal of Corporation Law*, 331, 338 (1987).

东忽视债权人的利益,不谨慎做出行为。如认为"在那些小的、紧密的公司中,有限责任在很多情况下会导致出资人的道德风险(moral hazard),给债权人造成难以弥补的损失。"①"有限责任政策表明,公司业务失败的风险是由公司的债权人承担的。"②但随着法律经济学的发展,人们逐渐承认有限责任是公司股东与债权人的合同,这种合同对于债权人和股东都是利益最大化的。③Ribstein 详细阐述了这种认为有限责任不是国家授予公司的特权而是公司股东与债权人契约的理论。首先,有限责任合同可以广泛的执行,即使当事人在设立公司时没有遵循相应的规定也如此。其次,实体法通常体现了股东与债权人的这种有限责任契约。第三,承认有限责任是私人安排的产物(the product of private ordering)会促使法律接受公司的契约理论。④

目前在美国很多学者赞同把有限责任不作为国家授予的特权(a state-conferred privilege),而是作为私人协议的产物的观点(a product of private agreements)。无论是在公开公司还是闭锁公司,这种有限责任的私人合同都是可以执行的,无论当事人之间是否有书面的协议。这种观点也为美国的很多法院所接受。⑤而理解有限责任的合同性质,是理解公司的合同结构的一个重要步骤。只有理解了这种结构,也才能够进一步

---

① Halpern, Trebilcock & Turnbull, *An Economic Analysis of Limited Liability in Corporation Law*, 30 *U. Toronto L. J.* 117, 148 (1980).

② Mitchell, Close Corporations Reconsidered, 63 *TUL. Law Review.* 1143, 1172—80 (1989).

③ Blumberg, *Limited Liability and Corporate Groups*, 11 J. CORP. L. 573, 615—16 (1986); Easterbrook & Fischel, Limited Liability and the Corporation, 52 *University. Chicago Law Rewiew.* 89, 89 (1985).

④ Larry E. Ribstein, *Limited Liability And Theories Of The Corporation*, 50 *Maryland Law Review* 80.

⑤ Bendix Home Sys., Inc., v. Hurston Enters., Inc., 566 F. 2d 1039 (5th Cir. 1978); Bartle v. Home Owners Cooperative, 309 N. Y. 103, 127 N. E. 2d 832 (1955); Angus v. Air Coils, Inc. 567 S. W. 2d 931 (Tex. Civ. App. 1978); Hanson Southwest Corp. v. Dal-Mac Constr. Co., 554 S. W. 2d 712 (Tex. Civ. App. 1977).

理解对公司管制的合理性。①

因此,从这一角度看,如果加上合同法中的禁反言(Estoppel)或者诚实信用原则,设立中公司的股东承担有限责任也未尝不可。即使我们再推进一步,不将股东的有限责任作为一种合同安排,而直接作为一种法律制度,也并不会损害债权人的利益。因为债权人可以选择是否与设立中公司订立合同,而且通常情况下,设立中公司会转化为公司。

综上所述,笔者认为,设立中公司具有独立的、完全的、而非是受限的责任能力。

二、设立责任的性质

就设立中公司责任来看,尽管学界开始讨论发起人承担有限责任,并有设立中公司破产理论,但目前理论尚不可能超前到承认其承担有限责任,一个折中的办法是承认设立中公司具有完全的、独立的责任能力,但具体的责任承担方式仍是补充责任形式。由设立中公司先以自己的财产承担设立责任,在设立中公司财产不足以清偿时,设立责任需由发起人承担。本文认为补充责任考虑到了对债权人的保护,从这一点上讲是可行的,但却不利于调动发起人设立公司的积极性,因此,本文认为设立责任的性质应为有限责任。其要旨包括:

1. 设立中公司不应当和公司成立后无限的永续存在割裂开来,发起人设立公司的行为应当放在整个公司的形成和不断发展一个无限延展的时间纬度来理解。虽然公司成立是设立阶段的终点,但同时,它又是公司以法人身份进行商业活动的起点,也就是股东(当然,包括发起人)获得有限责任的起点。获得公司法赋予的有限责任的特权,为了避免在商业活动中个人财产的丧失,这应当是发起人意图设立公司的动机。在这一动

---

① Larry E. Ribstein, Limited Liability And Theories Of The Corporation, 50 *Maryland Law Review* 80.

机驱使下,设立中公司具有独立地位,先以自身财产承担设立责任,免除发起人个人责任是符合促进商事实践的发展的。

2. 补充责任中,设立中公司的责任财产包括,发起人已经缴纳的出资,我国公司法规定包括货币出资和非货币出资以及认股人的货币出资额;设立中公司开展业务活动增加的价额。设立中公司适用财产分离原则。比照法人人格独立的理论,法人具有独立人格的基础是法人财产和其成员财产相分离。在公司设立阶段,发起人缴纳出资以及认股人认购股份后,原则上不能抽回出资。① 也就是在出资或认购股份后,发起人与认股人的财产即转为设立中公司的财产,在公司顺利成立后,即转为公司的财产。

3. 从债权人保护的角度出发,补充责任不违背债权人的意志,也不会降低对债权人的保护水平。设立中公司存续的目的是要促成一个法人的成立,而在这个拟成立的公司当中,股东承担有限责任。从商业实践的角度看,在不断复杂的经济活动中,设立中公司从事必要的经济活动不能避免。从债权人的角度出发,他与设立中公司之间的交易,对与其从事交易的组织是以将来作为承担有限责任公司之前身出现这一点应当是明知的。目前国外最新的理论认为,有限责任并非国家立法机关赋予公司股东的特权,而应当视为股东和债权人之间的契约,如合伙凭借有限责任获得新生就是一个事实,这就是有限合伙的流行。如我国《中关村科技园区有限合伙管理办法》第 3 条规定:有限合伙由有限合伙人和普通合伙人共同组成,有限合伙人以出资额为限承担责任。另外,德国现今企业形态中即有有限合伙(简称 KG);美国自 20 世纪 90 年代始出现两种新的合伙形态即有限责任合伙(简称 LLP)以及有限责任有限合伙(简称 LLLP)。就美国有限合伙的发展来看,新型有限合伙在于限定普通合伙人的转承责

---

① 根据我国公司法的规定,认股人抽回出资只在下列情形下产生:公司不能成立;没有按期召开创立大会;发起人首期股份没有募足;创立大会决议不设立公司。

任,也就是限定各普通合伙人之间的代过责任。① 所以对那种概念化的设立中公司无民事能力说批判为"僵化"实不过分。既然与设立中公司从事交易的债权人明知以后的交易结果可能是一种承担有限责任的后果,那么设定先由设立中公司承担责任,在设立中公司财产范围内,免除发起人的个人责任是可行的。

4. 公司设立失败,设立中公司终止,这个主体没有存在的可能,权利义务和责任的承担均失去了主体,因此,从保护债权人的角度出发要求发起人承担连带责任是恰当的。

综上所述,笔者认为应当首先确定设立中公司的责任优先原则,也就是在立法上先确定由设立中公司以其独立财产承担设立责任。

更进一步,对待非法人团体法律地位的争论的结论应当是开放的。但是,如果不考虑到行政机关登记的利益,不将登记视为主体资格取得的一个必经程序,那么,赋予非法人团体独立的民事主体地位似无不可。尤其是对设立商事主体而言,赋予设立中公司独立的主体的地位,承认设立中公司可以独立承担责任实属必要。

---

① 虞政平:《股东有限责任——现代公司法律之基石》,法律出版社 2001 年版,第 150~152 页。

第四章

一人公司的设立理论

我国于2006年1月1日起实行的《公司法》修订案,被誉为一次"面目全新"的改革。该法单设"一人有限责任公司的特别规定"(第58条至第64条),首次从立法上承认一个自然人或者法人可以设立有限责任公司,赋予一人公司主体地位。在修订公司法的过程中,对是否允许一人,尤其是一个自然人作为公司设立主体存有较大的争论,反对者以维护公司法传统理论为基础,支持者则立足于实践的现实需要。在两种不同的价值取向中,立法机关的态度倾向于法律是对经济生活的反映,既然一人公司的存在系由于需求关系所引发的经济事实,法律缺位更易产生法律规避的负面结果,所以不如将其纳入法律调控体系中。公司法的实施即使理论界对一人公司合法地位的争论尘埃落定,又对公司设立制度进行了补充并对传统的公司设立观念产生了较大的冲击。

第一节　一人公司的立法演变

一、域外一人公司立法概况

1.列支敦士顿

据学者①考证,列支敦士顿第一个突破禁区对一

---

①　赵德枢著:《一人公司详论》,中国人民大学出版社2004年版,第21~25页。

人公司加以承认。1925 年列支敦士顿颁布了《关于自然人及公司之法律》，该法对一人公司的设立作出了规定。其有关一人公司设立的条文为："依该法第 637 条规定，只需为该法认可之法人，不论系股份有限公司，持分公司或有限公司，皆得以单一自然人或是单一法人为唯一成员，设立一人公司。再者，已登记成立之法人，若原有之多数成员缩减至只有一人时，只须未抵触有关机关之相关规定，其法人资格仍得存续。至于有关一人公司设立规范，适用有关以该类型法人规范标准之法律。唯在此种自然人或法人为单一设立者或单一成员时；亦或是股份为单一，或有股份不存在之情形者，若法律对此有禁止规范，或于其他法律中有特别规定者，不在此限。"（资料来源：赵德枢博士论文第 166—177 页）

2. 欧盟公司法指令（directive）①

（1）第 2 号指令：有关公开公司之设立、资本维持、变动、最低资本、强化盈余分配要件及公司自己发行股份之取得要件为主；其次本指令第 5 条对设立后的一人公司，对会员国也有所规范。依该号指令第 5 条规定，各会员国之国内法若规定公司发起人为一人以上，而公司在设立后股份全部归属于一人时，也不应当令该公司解散。唯若各会员国法律明定遇有该情形，法院得以裁定命其解散者，该管法院法官也应给予充分之调整时间作为回应，当法院作出是项裁定时，该公司即进入清算程序。

（2）欧盟公司法第 12 号指令

第 2 条：形式一人公司、实质一人公司及设立限制。

①公司得仅由一名股东设立；公司全部股份归由单一股东持有时，亦得仅有一名股东（一人公司）。

②（略）。

第 3 条（登记公示原则）：当公司的全部股份归由单一股东持有而成为一人公司时，此一事实及该唯一股东之身份，须于档案中载明；或于由

---

① 刘俊海译：《欧盟公司法指令全译》，法律出版社 2000 年版。

公司保管、接受社会公众查阅之登记簿中载明。

第4条：一人公司之唯一股东行使股东大会之权利，并作出相关决策时，须记载于会议记录或以书面形式起草。

第5条：一人公司之唯一股东于代表公司与自己订立合同时，须记载于会议记录或须以书面形式起草。

3. 法国

1985年7月11日的法国法律创设了一人公司（EURL: Entreprise personnelle à responsabilité limitée）。一般的资料中，都以法国公司法对一人公司的限制性规定为蓝本，如在引用法国公司法时，于该法第36条第2款又明文规定，"同一自然人仅得为一家有限责任公司的唯一持股人，有限责任公司不得以另一仅由一人组成的有限责任公司为其唯一持股人"。简言之，就是禁止同一个自然人设立多个一人公司，也禁止一人公司再行设立另一个一人公司，一人公司不能成为另一个一人公司的唯一持股人，但该法并不禁止其他类型的法人设立复数的一人公司。① 之后，1994年2月11日的法律取消了上述禁止性规定的前半部分，也就是说，同一个自然人可以设立多个一人公司，同时做多个一人公司的唯一股东。自然人可以根据自己的活动将其财产分割成若干个部分，分别用于经营。②

二、中国一人公司立法实践

我国现行《公司法》第58条对一人公司作了界定。所谓一人公司（One-man company, one-member company, one-person corporation），是指只有

---

① 《法国商法典》原223~3条，达鲁兹出版社1993年版。

② ［法］雅克·梅斯特：《商法》，法律出版社2003年版，第335页。转引自谢晓"法国一人公司的法律规制及其借鉴"载吴越主编：《私人公司的百年论战和世纪重构——中国马欧盟的比较》，法律出版社2005年版。

一个自然人股东或者一个法人股东的有限责任公司。① 也就是说，现行公司法所承认的一人公司既包括设立时一人公司，也包括设立后一人公司；从投资者的身份来区分，只承认自然人一人公司、法人一人公司。将国家投资的一人公司，即国有独资公司分列出来。它回答了在修改公司法过程中两个重要的争议：一是设立主体，对自然人可否设立一人公司作出了回应；二是一人公司的性质，对是否可以设立一人股份公司给出了否定的回答。

作为有限责任公司之一种，一人公司主体地位得以确立，同时，针对这种公司在运营中较大的经营风险，如：投资者和公司人格混同、不利于对债权人的保护、易造成滥设公司的后果等，公司法也为它的规范运行作出了限制。就一人公司的设立而言，包括：

（一）设立人可以是一个自然人股东，也可以是一个法人股东。在德国法的实践和公司法中还存在"稻草人"设立公司的情形。所谓稻草人设立，是指在设立公司的时候，尽管会员数量名义上不止一个，但是实际上会员都是以信托的方式拥有某一个会员的份额，待公司成立妥当之后，名义会员再将其名义上拥有的份额转让给真正的唯一会员。

不能以其他的一人公司作为唯一股东。但此条规定一般被认为是脱胎于法国关于一人公司的限制。"有限责任公司不得以另外一个一人有限责任公司的股东作为其一人股东（《商法典》，第 L223—5 条）。违背上述规定的，所有利害关系人均可要求解散非法组成的公司（《商法典》，第 L223—5 条第 2 款）。"②

（二）在设立时，避免出资人个人财产与公司财产相混淆。一人公司是有限责任公司的一种特殊形式，仍然适用分离原则。

---

① 在公司法修订之前，我国学者给出的一人公司的定义，可以较为简单的表述为，"公司的全部股份或出资归属于单一股东持有的公司。"见施天涛著：《公司法论》，法律出版社 2005 年版，第 74 页；王天鸿：《一人公司制度比较研究》，法律出版社 2003 年版，第 1 页。
② "法国有限责任公司法的历史、学说及实践"，施鹏鹏编译，吴越主编：《私人公司的百年论战和世纪重构——中国与欧盟的比较》，法律出版社 2004 年版。

对一人公司而言，债权人似乎应当得到法律更多的保护，因此设立时，尤其是强调资本的实际缴纳和资本维持。虽然规定公司最低资本金的做法已经在一些国家和地区被取消[1]，因为统一的资本金要求与公司经营事业的目的没有直接联系，但是公司法对一人公司仍采取严格的法定资本制。

（三）实行严格的公示。即一人公司必须在公司营业执照中载明自然人独资或者法人独资，以予公示。

（四）强调财务规范管理。一人公司应当在每一会计年度编制财务会计报告，并经依法设立的会计师事务所审计。

（五）实行"公司人格否认"制度。[2] 在发生债务纠纷时，一人公司的股东有责任证明公司的财产与股东自己财产是相互独立的，如果股东不能证明公司的财产独立于股东个人的财产，股东即丧失只以其对公司的出资承担有限责任的权利，而必须对公司的债务承担无限连带责任。

第二节　一人设立中公司

尽管立法者已经将一人公司纳入公司法运作的框架内，以应对实践中大量存在的实质性一人公司存在的现实。但是一人公司对公司法传统理论的冲击是非常明显的，这涉及到公司法的基础。在反对一人公司的声音中，主要集中在一人公司会对公司的社团性、人格性、有限责任、公司内部治理结构造成冲击。从本书的中心主旨——设立中公司的主体论的

---

[1]　降低公司设立的最低资本额，依学者的见解，正面效应是促进经济发展，其负面效果是设立过滥。但对于最低资本额的具体数额而言，由法律设定之是极为困难的，因此，在公司法修改过程中，有一种观点主张资本额过低的一人公司仅为否定法人资格时应当考虑的要件，而不是设立时的考虑因素。显然，公司法并没有采用这种自由的无障碍设立公司的主张。

[2]　公司人格否定法理，又被称为"揭开公司面纱理论"，它是一项源于英美法系的判例制度，是为了协调因股东有限责任制度被滥用而导致公司股东和公司债权人利益失衡，实现个案实质公平的有效措施。这其中，空壳公司主要指公司资本不实或不足之场合。朱慈蕴：《公司法人格否认法理研究》，法律出版社1998年版，第217页。

角度来审视的话，一人公司对设立中公司是否有存在的必要性提出了挑战。

一、一人公司对公司法基础理论的修正

总体来看，对一人公司存废的争论焦点涉及如下方面：

1. 公司的社团理论

反对者认为，一人公司欠缺传统法人理论所包含的社团性特征，和公司的法理基础相违背。因为社团性法人是人的联合体，是由二人以上的股东组成、并在法律上取得法人人格的团体，所以公司的成立也需要有复数的股东。支持者承认，一人公司股东的一员性的确对传统的社团理论构成了冲击，但需要分析的是对公司社团性的冲击是否影响到了公司的人格性。也就是说，如果公司的社团性是公司人格存在的前提，现在一人公司对公司社团性否认，那么，一人公司就也否认了公司的人格性。但是"社团性"是"人格性"的前提这个命题是不正确的。① 基于此，公司的本质在于其具有独立的人格，而非形式上的社团性。

2. 公司的有限责任

有限责任是现代公司的灵魂，其前提基于"两权分离"。股东出资后，对公司的义务即已经完成，出资形成公司的法人财产，股东相应地取得股东权，现代公司法理念中，股东权是对公司的最终控制权，但这种控制不能构成对公司生产经营权的干预。现代公司治理结构以董事会为核心，实行分权制衡原则，也即，公司所有权归属股东，但是经营决策权归属公司的董事会。而一人公司之唯一股东通常直接经营公司业务，不仅享有

---

① 王天鸿也认为，公司的人格基础并不是建立在公司社团性基础之上的，甚至它并不以公司的社团性为前提。日本学者对一人公司的法人人格进行了广泛的反思，提出了所谓的"法律效果归属点说、责任财产分别说、相对属性说、政策性拟制说"等理论。参见王天鸿：《一人公司制度比较研究》，法律出版社 2003 年版，第 152~155 页。

公司的财产控制权,而且掌控公司的经营决策权和经营执行权,是公司的所有人同时兼公司的经营人的模式。

这种模式造成与有限责任并列的背离。而支持一人公司的观点并不认为组织机构的不完整能够成为否定一人公司存在的充足理由,这个理由只能导致要对一人公司强加规范。

3. 公司债权人的保护

反对者认为,一人公司不利于对公司债权人的保护。在以社团性为基础的传统公司中,其理论上的公司内部治理结构是一种互相制衡、互相监督的模式。虽然在英美法系和大陆法系又有单层制和双层制、日本的折中制的差别,但在这种分权的治理结构中,相同的一点是,公司剩余财产的索取权和最终控制权,与公司的经营决策权和经营执行权相分离。但在一人公司中,公司的人格和股东的人格往往难以分清,股东兼任董事、高级管理人员,这一便利为一人公司从事不利于债权人的活动提供了可能。

就债权人保护,有学者主张对自然人设立一人公司加以限制。"限制主要基于下列考虑:自然人设立一人公司往往资产薄弱,偿债能力低;法人一人公司不仅可能存在和自然人一人公司相同的缺陷,而且容易导致人格混同。这些问题均对债权人不利。"[1]

支持一人公司者从"企业维持的需要"对此提出批驳。即"在资合公司中,该类公司对公司债权人担保基础为公司资产,而非公司股东,如果股东人数虽然不足,但仍有一定数额的资产作为公司对外债权的担保时,准许该类公司设立或者继续存在不仅对公司债权人无任何不利益;而且对国家经济发展及国民就业机会均有正面功能。"[2]

---

[1] 王保树主编:《公司法修改草案建议稿》,社会科学文献出版社 2004 年版,第 360 页。
[2] 赵德枢著:《一人公司详论》,中国人民大学出版社 2004 年版,第 166 ~ 177 页。

二、一人公司对设立中公司理论的修正

一人公司中股东的唯一性,形式上仅仅是对传统公司股东复数性的突破,但实质上对设立中公司主体、设立中公司的法律基础等均提出了挑战。

1. 设立中公司机关的重新构建

设立中公司理论,也就是将"设立中公司"作为一个主体对待,这个组织体虽然不能和公司一样承担有限责任,但也非传统公司法中被简单地看作是一个合伙组织,该理论认为设立中公司有一定的财产,有自己的机关,设立阶段的行为由设立中公司作为主体来承担责任。

就设立活动的性质而言,设立中公司被看做是设立阶段的唯一主体,该组织体需要由其机关,也就是设立人整体,来形成和实施设立中公司的意思表示。设立中公司机关说强调的是整体意思的形成,从不同的角度强调设立主体的团体性。但是在发起人或者公司股东只有一人的情形下,设立人之间的合伙关系已不存在。在一人公司中,设立人和公司股东是重合的。这不仅源于一人公司一般是小企业采取的公司形式,更主要的原因在于我国立法的安排。按照我国公司法设立人必须要出资,即需要拥有资格股份,设立人和股东二者身份具有延续性。因此,一人公司的唯一股东便就是唯一的设立人。这对设立中公司机关是设立人整体形成的一个例外。

基于一人公司设立的特殊性,本书认为,设立中公司机关仍然有承认的必要,只不过是简化的机关形式而已。再者,本书主张设立中公司机关独立于发起人合伙,独立地形成意思并执行该意思,其意思形成能力和执行能力不受组成成员多寡的影响。

2. 设立中公司的责任承担

就设立中公司的责任而言,设立中公司具有有限的人格,这在基于复

数设立人之情况下的正当性是很明确的。但是在一人设立公司时，股东的责任和一般公司殊为不同。根据我国公司法的规定，股东在设立过程中要承担两种类型的责任。其一，出资不足时，该股东向其他股东负有出资的违约责任。即第 28 条："股东应当按期足额缴纳公司章程中规定的各自所认缴的出资额……股东不按照前款规定缴纳出资的，除应当向公司足额缴纳外，还应当向已按期足额缴纳出资的股东承担违约责任。"其二，出资不足的连带补充责任。"有限责任公司成立后，发现作为设立公司出资的非货币财产的实际价额显著低于公司章程所定价额的，应当由交付该出资的股东补足其差额；公司设立时的其他股东承担连带责任。"（《公司法》，第 31 条）而在一人公司场合，出资违约责任对单独设立人不适用。如何防止单一股东的出资不足事实的发生呢？我国公司法没有涉及这个问题，在德国，其《有限责任公司法》第 7 条第 2 款第 3 句规定："……公司只由一人设立的，只要在至少已经缴纳第 1 款和第 2 款规定的出资，并且股东已经为其余部分的金钱出资提供担保时，才可以进行申报。"[1]也就是要求唯一的发起人不但要兑现最低的出资额，而且要对其承诺的其余部分金钱出资提供担保。此外，在公司设立登记时，还必须就提供的担保进行保险。《德国有限责任公司法》第 8 条第 2 款第 2 句："公司只由一人设立，并且金钱出资未完全缴纳的，也应保证，已经提供依第 7 条第 2 项第 3 款所必需的担保。"也就是说，在申请登记时，必须保证已经设立了这些担保。德国的规定和我国稍有不同，它准许一人公司分期缴纳出资，但是要求单一股东在出资时提供担保的规定对我国却是有借鉴意义的。

至于一人公司设立时，在设立登记之前的公司财产以及设立人自己对未出资部分进行的担保的归责主体问题在我国公司法中尚缺乏规定。吴越先生首先对这个问题有全面的论述。在他的文章中，介绍了德国关于这个问题的看法，对我国一人公司的设立责任有启发性意义。"有德国

---

① 杜景林、卢谌译：《德国股份法·德国有限责任公司法·德国公司改组法·德国参与决定法》，中国政法大学出版社 2000 年版，第 177 页。

学者认为,即使一人公司在设立阶段也属于具有部分权利能力,因此可以以自身的资产承担责任,这种观点其实是把设立中的一人公司的性质靠近已经设立的公司来理解。但是也有德国学者认为,一人设立具有特殊性,因此对它应当比照人合公司或者说合伙企业的有关规定更加合适。相应地,有的学者称为'一人设立中公司',有的则认为不能这样称呼,称为'特殊的资产'更恰当……从趋势上看,对若干人发起设立公司时的设立中公司的法律规则也越来越多地适用于一人发起设立时的设立中公司。"

3. 设立协议和出资理论

出资是设立人的一项制定法上的义务,也是设立中公司财产的主要来源。我国现行公司法对公司出资理论作出了调整,一是仍然保留了法定最低资本制度但是大幅度降低了门槛,二是对一人公司规定了较一般有限公司严格的出资条件。上述规定对有限公司和一人公司出资的规定之区别为:(1)法定资本最低限额不同。有限公司为3万元;一人公司为10万元;(2)是否可以分期缴纳不同。有限公司的股东缴纳首次出资额后,其余部分可以自公司成立之日起2年内缴足。但一人公司应当一次足额缴纳,不允许分期缴纳。可以看出,一人公司并没有对公司的出资理论造成根本的背离,只是为了保护公司债权人的角度对其规定了较为严格的条件。

设立协议被视为设立中公司的法律基础,是设立人之间为设立公司而签订的内部协议,协议中主要内容是划分设立人之间的权利义务。设立协议是设立公司时的重要法律文件之一。在一人公司场合,由于设立主体的单一性,往往不需要设立协议。如德国法中,一人公司的设立往往以发起人的单方声明代替"会员协议",这种单方声明被学者埋解为所谓"组织行为"[①]这种单方的设立声明其内容与会员协议基本相同,只是缺

---

① Hueck/Windbichler, Gesellschaftsrecht, 20. Aufl., C. H. Beck, 2003, S. 482. 转引自吴越,"德国有限责任公司法的学说及实践",载《私人有限公司的百年论战与世纪重构——中国与欧盟的比较》,法律出版社2004年版。

少了会员间内部关系方面的约定。

但是这不能否定设立协议作为设立阶段法律基础的性质。只不过在一人场合，权力集中于一人，权力和权利在发起人之间无需分配。一人公司的设立并没有打破设立协议作为设立的法律基础的地位。

综上，就一人公司设立而言，笔者认为，一人公司虽然对设立中公司理论产生了冲击，但并不是否定或推翻设立中公司，只是对设立中公司理论进行了一些修正。下文关于设立中公司的成员——发起人的介绍中，也专门提到发起人人数在各国立法中的演变。并且依据本文构建和发起人独立的设立中公司主体角度出发，公司的设立行为应当是设立中公司机关的行为，那么就无需强调设立人的人数。因此，设立中公司理论可以更好地解释一人公司的设立，因为它不再拘泥于发起人数量，而是将所有的公司设立行为的主体看作是一个和发起人个人相独立的团体——设立中公司来实施。

第二部分

设立中公司本体建构

第五章

设立中公司本体建构的
价值取向

Chapter 5

　　设立中公司独立主体构建的原因既有设立中公司本身的,那就是依据信赖原理,设立中公司的常态即应当是发展为公司,这样,设立中公司规则的构建对成立后公司的影响巨大。另外也有来自于外部的原因,即公司法竞争的压力。我国公司法因应全球化公司法改革的潮流,就公司设立规则进行了大范围的修正。学者从对原公司法存在较多的强制性规则的反思入手,并结合具有竞争力的经济先进国家的公司法规则,呼吁加大公司自治的力度,放宽对公司的管制,包括降低公司设立门槛,减少制度规则为公司设立增加的成本。并提出:"1. 公司设立实行准则主义。为简化投资设立公司的手续,公司法修改中应确认公司设立的准则主义,即公司依公司法规定的条件在工商行政管理机关注册登记而成立;2. 简化有限责任公司的规则,突出有限责任公司和股份有限公司的区别。"[1]在部分吸纳了学者建议和司法实践经验的基础上,我国公司设立制度也作出了较大调整,促进融资、扩大营业自由也成为了设立中公司本体论的价值取向。

---

　　[1]　王保树著:《商法的改革与变动的经济法》,法律出版社 2003 年版,第 287～290 页。同样的观点如刘俊海先生建议"对各类公司(包括有限责任公司、股份有限公司乃至上市公司)的设立采取以登记制为原则,以审批制为例外的立法态度,限制审批制范围,取消不合理的登记前置程序,讲一步扩大公司登记制的适用范围。根据国民待遇原则,对于外商投资企业的设立也应采取这一立场"。见王保树主编:《全球竞争体制下的公司法改革》,社会科学文献出版社 2000 年版,第255～256 页。

第一节　设立中公司本体建构的原因

公司法关注公司的基本形态,即成立后的公司,并且以规范"公司"这种组织体以及型构组织体的治理结构为公司立法的重点。那么,为何公司成立前的状态受到笔者的关注呢? 概括而言,首先,设立中公司是实际生活中广泛存在的一种现象,公司无论大小均要经过筹建过程,虽然设立的难易和手续的繁简存在差别。其次,这种社会存在是需要由公司法来调整的。经济生活中运行着大量的非法人团体,但它们绝大多数都由民事法律来调整,但是,设立中公司和其他的非法人团体不同,高效筹资是设立中公司的灵魂,公司法对成立后的公司和设立中公司一体规定,从理论上提升设立中公司的重要性,并在实践中将设立中公司当作独立的民事主体来对待才可能实现顺利聚集社会财富并促使公司便捷成立的功能。构建独立的和发起人合伙相区分的设立中公司,可以防范发起人的利己行为并可便利设立中责任的归属。

一、发起人和潜在债权人的利益冲突

在涉及设立中公司的论述中,一般均将设立中视为成立后公司的"胎儿公司",也即设立中公司和成立后公司的同一体说。可见,设立中公司对成立后公司的影响巨大。这种影响体现为,就人的聚集而言,发起人为日后公司的首批股东,设立时出资的多寡决定着公司成立后股东权力的大小;就财产而言,设立时的出资形成公司的原始资本,对资本功能认识的差异影响设立时出资的底线和方式;在以"资本雇劳动"指导下组建公司的模式排除了公司成立之后加入的股东、为公司提供贷款的债权人参与设立中公司对成立后公司权力的分配,也就是说,公司组织机构初始设定权以及组织机构之间权力的分配由设立中公司来完成;并且,是否承认

设立中公司的独立主体地位,决定了对先公司合同责任承担的态度。如此种种,均提醒着公司法学者不应当忽视对设立中公司的关注。

公司在设立阶段的法律关系虽然较为简单,但同样也为利益交叉和冲突的统一体,并且设立阶段冲突的影响毫无疑问会延伸至公司成立后,如若处理失当,则会为公司日后正常运行埋下隐患。比如,章程订立规则的冲突凸显于公司设立阶段,股东希望公司章程能够完全体现自己的意志,而债权人非常担忧发起人通过章程转移风险。除去股东和债权人对待章程的分歧外,公司章程的设计在平衡控制股东和小股东的利益,在分配公司的权力以及章程和公司法规则的关系等更易发生纠纷,如"大港——爱使"章程纠纷即是显著的例子。设立中公司需要解决的这些问题不仅在理论上模糊而且在实践中混乱,立法者在尊重商业自由的空间和加强法律管制的限度界限上也呈现摇摆状:是以防范监管为主,还是引导为主? 这些问题在设立中公司的法律制度的安排上便被赋予了平衡潜在冲突的初始任务。

公司设立制度是否恰当的标准,在于它能否平衡发起人和潜在债权人间的冲突。毫无疑问,设立制度需要就债权人与发起人的利益协调。这涉及公司的发起人的地位和作用、设立中的公司的法律主体地位和资格以及设立中的公司在最终没有成立时的责任分担问题。[1] 在设立阶段,发起人意图"制造"公司,设立中公司以筹建具有法人资格的公司为基本目的。公司成立后,向债权人融资即为公司运行的重要保障,虽然在设立中公司阶段,尚不存在内部融资与外部融资的冲突,但是未来的公司股东和潜在的债权人之间对公司初始资金的心理需求存在很大的差异:对股东来说,它的关注点为公司的利润分配,"公司的利润分配请求权"也便成为股东最直接的经济权利,而公司利润的多寡和公司的初始资本无涉,也

---

[1] 美国一本讲述公司的经济学教材专门讨论了公司设立中的发起人与债权人的利益问题。See: William L Cary, Melvin Aron Einsenberg, *Corporation: Cases and Material*, 6th. ed. The Foundation Press, 1988, ff. 104.

就是公司初始资本的形成和公司的利润分配二者并非呈现正相关关联。因此，公司成立时初始资本对股东来说并无实际利益，只不过是法律规定的强制性的、必须要满足的条件而已，发起人对公司初始资本并无自身的需要，因为没有需求，则发起人对募集公司初始资本则无动力。从主观上推断，发起人希求对公司的出资越少越好。并且，有限责任制度被认为极大地促进了内部融资的动力。在公司设立阶段，尚不存在借贷资本的提供者，所以此时的债权人为"潜在的债权人"，在和公司交易时，债权人被告知和其交易的主体为"公司"，交易的对象——公司以自己的全部资产额为限对债务负责。而公司中的股东是受有限责任保护的、是不能被直接行使请求权的特殊权利者。为消弭有限责任制度的负外部性，立法设计了债权人对公司剩余财产分配的优先权，但是将公司的剩余财产用于清偿债务，这自然是股东不愿意看到的结果。作为对"股权滞后于债权受偿"模式的规避，股东内在地具有将公司价值转移的倾向，并因此会侵蚀其他利益群体，尤其是外部债权人利益。① 虽然同是作为公司融资的主体，股东和债权人对公司资产的利益需求却是相反方向的，这在公司设立时体现为：当股东的资产作为出资形成公司财产时，股东希望出资越少越好，这可以降低设立时的成本负担；而债权人的期望则与之相反，虽然公司的初始资本远非公司资产（更主要的是现金流）在债权担保时的保障作用明显，但是高额的初始资本并不违背债权人的利益需求。由此，在公司设立时，债权人期望发起人的出资形成的公司初始资本越高越好，但发起

---

① 傅穹博士分析了公司资本制度生成的立法动因，其一为"公司债权人——公司股东的利益冲突"。文章中深刻地指出，"公司股东内在地具有将公司价值转移的倾向，并因此会侵蚀其他公司利益参与群体，尤其是与公司进行交易的外部债权人利益。……但同时，我们承认这样一个事实，但作为长期融资博弈的公司股东而言，会发现股东机会主义是与双方团体利益相违背的，其价值转移引发的额外成本，将抵消由此而获得的所有利益。公司资本制所要规制的并非是第一种风险，而是第二种人为的风险，资本维持或资产维持中的底线规则均由此而生。"见傅穹著：《重思公司资本制原理》，法律出版社2004年版，第20～24页。笔者认为，傅穹博士的上述分析虽然是就公司整个资本制度层面上的分析，并非专指称公司设立阶段，但由于公司初始资本的形成于设立阶段，发起人在公司设立阶段的规则制定将内在地具有自身的利益取向，故股东和债权人的利益冲突也必是设立中公司需要考虑的问题之一。

人则希望公司设立廉价迅速,避免过多资产锁定于公司成立之时。

二、发起人和拟成立公司的利益冲突

除去发起人和潜在债权人关系的解决是公司设立制度必须关注的一个方面外,公司的发起人和拟成立公司的冲突也是不容忽视的。和"股东——债权人"处于利益的两端对公司资产存有相反需求,发起人和待成立的公司并不存在激烈的利益对抗,相反,发起人一般为成立后公司的首批股东,从这个意义上说,发起人和拟成立公司的目的是一致的,那就是简便迅捷融资促成公司顺利成立。但是,发起人创设公司的目的系为利己而非利他,和股东借助公司形式取得投资回报类似,设立中公司也只是一种形式,发起人借助这种形式为自己谋求利益,只不过这种利益非现实性存在,需以公司法人成立为前提。那么,在推断法律规范设立中公司的能够顺利成为公司而非以公司不能成立为常态,则发起人和股东身份的延续性即不为偶然现象,如果仍承认公司成立后,股东享有剩余索取权的现有公司学理无可厚非,须由发起人,或者说是股东需要承担公司经营的最终风险,那么,在公司设立阶段,发起人作为设立中公司的前身,自然对设立中公司享有最终的财产所有权。

但是,人(包括自然人、法人中的代表人或者决策者)的趋利避害心理和经济人的有限理性向我们揭示了一种可能,那就是发起人在设立公司时有可能作出损害潜在公司利益的行为,而且成立后公司股东得以享有有限责任使得这种概率大大增强。在公司中,"利润最大化"和"帕累托最优"是不可能同时存在的,其深刻的悖谬之处在于,理性人追求的是个体利益最大化,而不是使整体利益达到"帕累托最优"。因此,在经济学上,有关公司发起人和股东的道德风险、信息不对称的讨论可谓汗牛充栋。① 近年来，西方经济理论"委托—代理"（principal-agent）理论在中国成为显学，主要原因就在于设计有效率的激励机制，以克服代理人的"败德"（moral hazard）问题，从而使代理人更好地为委托人服务。起初，经济学引入这一概念是为了解决国有企业问题，现在，这一问题的重点已经转移到了对公司治理结构的分析。

发起人与公司利益的潜在冲突可能存在于但不限于：（1）发起人为自己的私利损害潜在公司的利益，如发起人和拟成立公司的交易行为；（2）发起人为公司利益而签订的民事合同导致成立后公司负担增加。第一种情况下，发起人和它所要设立的公司之间形成信托关系的原则源于19世纪，这一般由发起人责任制度来解决。第二种情况下，发起人与第三人签订的民事合同，此类合同的效力和责任分配向为观点迭出并聚讼纷纭的领域。反对先公司合同论者认为：开业准备行为不为公司设立阶段必备行为，并且设立中公司在此阶段并无民事能力，与一个不具备合同主体资格的"人"所签订的民事合同，自是不符合合同成立的基本要素，自不应当承认这类合同的效力，相应地，合同责任由发起人承担。上述就公司设立阶段的利益冲突，涉及到发起人和拟成立公司的争利，发起人和债权人的逆向利益平衡，先公司合同中合同债务的分担，这些均离不开发起人的个人行为。如果不单独承认设立中公司，而只是将这些行为看做是发起人个人的行为，如前分析，不可避免发起人的败德行为。但是，如果赋予设立中公司独立主体地位，上述风险有望降低。如在先公司合同中，采纳设立中公司说，则支持设立中公司从事开业准备行为，因为商业利益和利润是商事社会的润滑油和驱动力，只有利益可以刺激人们设立公司的积极性，如果僵化地固守对先公司合同承担个人责任，这种高风险的后果是发起人不愿意看到的，那么设立公司这种行为是发起人不愿意从事的。因此先合同责任的由设立中公司承担。

---

① 有关败德行为论述，可以参考 G. Miller, *Managerial Dilemmas*, Cambridge University Press, Chapter 6, 1992。

三、发起人之间的控制权冲突

设立中公司只是一个外在的表现,与公司法中公司本身常常"隐而不现"相似,设立中公司的主角仍是它的机关担任。[①] 设立中公司与外界发生的交易关系,主要由合同法、担保法、民法来调整,而公司法最主要的特征是商事组织法,即调整各组织结构之间的关系和制定组织结构的运行机制。在设立中公司中,虽然组织机构相对简单,但机关的团体性可以抑制机关成员的个人私利。这种抑制主要通过表决机制议事机制来完成。

笔者认为,既然视设立中公司得以顺利转换为公司角色为经济生活的常态,那么,成立后公司采取的"资本多数决"能够在公司设立阶段被承认。发起人之间为一资合关系,或者至少是一种人资两合关系,发起人之间存在的控制权的争夺,这和公司成立后的控股股东对小股东得以控制之理由类似,这样,具有控制力的发起人对其他发起人的支配便干预了个体性自由,发起人之间控制与反控制的争夺便须设立中公司制度来解决。

第二节 设立中公司本体建构的价值取向

无疑,上述公司法的变革,无论是观念上的,还是具体操作规则上的,均对正处于寻求先进国家公司法规则的中国公司法的修改产生了巨大的影响,这种影响现实地映射到现有中国公司法文本中。这也因应了社会规则达尔文主义,对公司设立规则的选择也不例外,同样是一个优胜劣汰

---

① 邓辉博士认为,"虽然公司法中包含着一些公司本身的行为规则以及公司行为的效力规则,但就公司法的主体部分(组织形态规则与组织运行规则)而言,它主要规范的是公司的内部关系而非外部关系,其规范的重点在于公司当事人的组织行为,而非公司的行为。对于公司法而言,它只需确定公司行为的效力,即确定哪些人的行为应当视为公司的行为、公司行为对于公司当事人具有何种效力就可以了。与公司行为及其效力规则的简约相比,有关公司组织形态变化与组织运行方面的规则则十分复杂。"见邓辉著:《论公司法中的国家强制》,中国政法大学出版社 2004 年版,第 8~9 页。

的竞争过程。而在设立中公司规则的构造中,要想实现优胜劣汰,至少应当贯彻下述理念。

一、自治理念

笔者认为,"自治"和"管制"是在讨论设立中公司制度中无法绕过的问题,尽管公司领域的市场失灵集中于股东有限责任和代理问题上,设立中公司远较成立后公司内部复杂的私人强制简单。公司自治是在和政府管制相对的语境中提出来的,对公司法律性质的不同认识,影响到公司法规范中强制性规范和任意性规范的比重以及司法实践对公司法强制性规范的认同度。就对公司本身而言,法学学者和经济学学者对其认识的角度不同,法律着重于公司参与人间权利义务的安排和责任的归属,经济学关注公司运行的效率。而在对公司性质的认识上二者更是相去甚远。比如下列追问:公司是法律拟制的产物,还是当事人之间契约的安排? 公司到底是独立在经济生活中起作用,还是只是公司背后的人将公司作为工具其实质仍然是自然人的商行为? 如果将公司定义为法律拟制的产物,是否必然推导出公司法便以管制为己任? 如果将公司定义为合同的产物,能否必然推导出公司法的居次地位,处于合同(契约)的补充性规则地位? 公司自治理念对构建设立中公司制度具有哪些基础性的作用?

在强调营业自由的现代,设立公司,尤其是设立有限责任公司,政府或者登记注册机构的权限局限于对设立文件形式上的审查,此种"审查"程序中,并不存在任何重大的实质性管制。对公司设立采取只要满足公司法规定的条件即可设立的立法政策被称为"准则主义"。现代采取准则主义最为彻底的可推美国。如美国标准商事公司法(第3版)规定,设立公司时,向州务卿递交经设立人签署的公司设立章程并获得州务卿的受理,公司即告成立。① 州务卿无需对设立公司进行实质性审查,而只需从形式上审查所递交的公司设立章程是否按照法律要求的内容进行了正确的填写。因此,在对公司设立所提交文件的限制只是为形式上的,而非实质内容的限制。②

但是公司的设立政策在历史的进程中并非总是如此宽松,历史进程中公司设立的法律政策是应强制还是自治的讨论,更主要的因素取决于实践中"形势"的需要:当公司的设立简便会带来公司滥设或者市场欺诈挫伤投资信心的时候,总会加大强化管制的法律的力度;每当经济因政府管制而举步维艰的时候,公司自治的主张又占上风。从公司史来看,设立公司的立法政策经历了一个从自由主义③到特许主义,进而到核准主义,再到现今准则主义的普遍确立,这个历史演变体现了对设立阶段管制从严格到宽松的过程。所谓"准则主义",对它的一般理解是:法律预先订立公司设立的条件,凡是公司的设立符合这些条件的,可以取得法人资格。

在同一个国家的不同历史阶段,或者同一阶段不同的国家之间存有管制宽严的差异。英国政府于 2002 年 7 月 15 日发布的《公司法的现代化》(Modernizing Company Law)白皮书,④专门提到放松管制在实现英国公司的国际市场竞争力方面的作用。英国公司法也给发起人自行设计其内部机构及权限划分留下了足够的空间。如英国 1985 年《公司法》第 14 条规定,公司的设立协议及章程一旦登记之后,就构成了对所有现有的和将来的会员以及对公司的有约束力的合同。在同一历史时段,对公司设立的管制,是与某国市场经济体制的成熟程度相关的。在市场经济较为

---

① 但是,设立人提供的文件需满足第 1.20 节"文件的要求;外部事实",不过这些限制只是形式上对文件的限制,而非实质内容的限制。

② 法规的具体内容,参见《特拉华州普通公司法》,左羽译,法律出版社 2001 年版,第 1~11页。

③ 所谓绝对的"自由放任主义",在有限责任性质的公司中基本不存在。它指称的对象是那些承担无限责任的合伙公司或者无限公司。有限责任性质的公司从来没有脱离法律管制的视野。

④ Mayson/French/Ryan, *Company Law*, 20th ed., Oxford, 2003, p. 779.

成熟的国家,政府使用经济法的手段也相对成熟和适度,对公司的管制较低。而对于市场经济不发达的国家,诸如中国,由于处于计划经济向市场经济的转型期,有关政府管制的经济法更为发达,1993 年公司法被学者归属为"高管制度的经济法"。所谓"高管制度的经济法","它是指在一种非市场经济条件下及计划经济或管制经济为主的治理模式下形成的经济法。在这种模式下,政府对一切经济活动都进行干预,所形成的法律规则都可以称之为'高管制度的经济法'。

虽然,国家干预在公司法领域的限度之争是一个目前尚未见定论,也是一个难以达成共识的争论,但是就公司设立规则而言,"自治优于管制"应当是一个较为统一的认识。自治直接体现的法律价值在于:"一是有利于当事人形成权利义务的预期,当事人根据自己选择的准据法预见法律行为的后果,维护关系的稳定性,二是有利于契约争议的迅速解决,节约交易成本。"①毕竟,设立只是公司取得营业资格的一个前提,设立中公司社会交易安全的影响较小,除了为维护社会公共利益而必须满足的法定条约外,公司设立阶段发起人的意思自由应得到充分维护。

二、促进筹资理念

设立中公司制度的优劣应当以能否高效筹集公司的初始资本为判断标准。这个标准包含有两个关键性因素:一是公司最低注册资本的高低;二是发起人出资形式的选择范围。

公司设立时的最低注册资本,是否需要,其数额确定依据为何? 这是在公司法改革中争论极其激烈的一个问题。英国私人有限公司即无最低注册资本(股份公司受到欧盟第 2 号指令的约束,采用最低注册资本制)。其基本理念是,公司从本质上说就是会员间的契约,公司资本数额的高低

---

① 赵万一著:《民法的伦理分析》,法律出版社 2003 年版,第 237 页。

多少更多的是一个商业判断,是由公司参与人,而非政府或者立法者来界定除公司参与人之外的其他人是不具备界定一个公司运营所需资本的能力的。在德国公司法理论中,最低资本数额是必需的,不仅作为债权人的担保,而且可以防止滥设公司。可以说,英国和德国对待公司最低注册资本的态度截然相左。但是,两个国家在公司法变革的学理争论中,均出现了向对方偏移的迹象。也就是,英国出现了提高公司最低注册资本额的倾向,①而以德国为蓝本的大陆法系国家,均出现了降低甚至舍弃最低注册资本金的倾向。

发起人除了可以用货币出资之外,还可以采用哪些出资形式,这也体现了公司设立的难易程度。传统大陆法系研究出资的理论建立在"要件说"的基础上,即将出资标的适格性标准总结为"四要件"或"五要件"。"四要件"指确定性、现存性、评价的可能性、独立转让的可能性。"五要件"除包括上述四种要素外,增加了"公司目的框架内的收益力",②但是上述"要件说"确定的严格的出资标准和不断变化的商业实践存在无法调和的冲突,出资要件形式上的严格被实质上的灵活突破。基于扩大投资人出资标的,促进更多的财产进入公司设立领域的考虑,在设计设立中公司制度时,需要对出资形式作出概括性规定,扩大可以作为出资的标的物的范围。(详细论述见第8章"设立中公司财产筹集和章程订立"。)

---

① 在英国公司法学界认为,公司设立门槛过低,会出现"迷你公司(mini-corporation)",导致草率地设立公司。如,"1994 年 11 月,英国工商部出版了'公司法检讨:适合私人有限公司的法律'(Company Law Review, The Law applicable to private companies)的报告征求公众意见。该报告指出,私人有限公司在英国是非常普遍的,同时也认为应当防止草率设立私人有限公司的现象。另一批英国学者则于 1995 年的调查报告中得出了相同的结论。该调查报告认为,由于设立条件过低,而出资人又可轻易主张责任限制,债权人利益很容易受到损害。"吴越:"欧盟视野中的英国私人有限公司法",载吴越主编:《私人有限公司的百年论战与世纪重构——中国与欧盟的比较》,法律出版社 2004 年版,第 472 页。

② [日]志村治美著:《现物出资研究》,于敏译,法律出版社 2001 年版,第 134 页。

第六章

设立中公司机关

基于设立中公司应当被视为独立的民商事主体,设立中公司本体构建中最重要的部分即为设立中公司机关独立性的构建。公司法通说以发起人合伙来界定设立中公司机关,尚不承认设立中公司机关的独立性,笔者认为,这种解决方案并非最优。

第一节　设立中公司机关概述

一、设立中公司机关的独立地位

（一）机关在公司设立行为中的主导地位

就设立中公司行为的性质,通说将其视为是发起人的共同行为,没有确立设立中公司机关在设立行为中的主导地位。在此,我们先梳理通说就公司设立行为的脉络。通说观点的确立,是在和契约说、单独行为说的辩论中逐步形成的。①

---

① 关于设立行为性质的观点分歧,见曹顺民:"设立中公司法律问题研究",载《政法论坛》2001 年第 5 期。

1. 契约说。即公司的设立行为属于合伙契约。发起人在设立阶段订立发起人协议,性质为合伙协议,在此协议上进行的设立公司的行为为合伙行为,应当适用民法上合伙的规定。但契约说忽视了对公司设立行为目的的考察。公司的设立行为和民法上合伙协议意欲达到的目的不同,设立行为目的是创设一个新的权利主体——公司这种组织。尤其是在公司为独立法人的立法例的国家,将公司设立类比为合伙则更为不恰当。发起人协议以设定发起人之间法律关系为内容,以明确发起人相互间之权利与义务。合伙协议虽也确定合伙人的内部关系,但以该协议连接的合伙组织的目的主要是从事民事交往。即使是组织型合伙也是如此。鉴于和合伙协议目的的区别,发起人协议又被称为"入社协议"以表明构建一个团体的目的。其次,对契约的理解上。设立行为是平行一致的共同行为,发起人之间为达到设立公司的目的互相并立,意思表示并非是对立的。而契约的当事人之间意思表示对立,是错综的一致。

2. 单独行为说。该观点认为公司之设立行为系发起人共同意思一致的行为,这个行为和发起人合伙的行为不同,构成单独的设立行为。所谓单独行为,即依订立章程并认购股份形式,将发起人单独的意思表示加以集合,成为一个设立的单独行为。在单独行为说中,将设立行为和发起人之间的合伙区分,从一定程度上承认了设立中公司的存在。

3. 共同行为说(也称合同行为说)。即公司之设立行为是公司发起人为同一目的,以多数发起人的意思表示共同一致所作的共同或合同行为。如:"关于社团设立行为的法律性质,有认为系多数人相互意思表示而为合意,符合契约概念,得称之为'设立契约',并系一种组织契约。台湾地区通说认为系共同行为,即各设立人以创造一定社团,使其取得法律上人格为共同目的而为之平行意思表示的一致。设立人仅有二人时,其设立行为仍属共同行为,而非契约,因为契约系内容互相对立之意思表示的合致,而设立社团则在共同协力创造新的法律人格者。"①

共同行为说被认为是解释设立行为的性质最为恰当的学说,其优点被概括为:(1)共同行为当事人间是一种并立关系,和契约当事人之间为对立关系不同;(2)用共同行为来解释设立行为的目的是创立新的权利主体(公司),也即是为了共同完成一项目的,而非或者不主要是为了创设某种法律关系。

但是,上述几种对设立行为性质的认识,无一不是从发起人的行为性质角度来考虑。如,契约说直接将设立行为视作发起人合伙行为,单独行为说和共同行为说虽然视公司设立行为是和发起人合伙行为相区分的独立行为,承认设立行为的独立性,但其立论的基础仍然是"发起人单独意思的集合",或者是"发起人意思共同表示一致",它仍然没有脱离"公司的设立行为是发起人的行为"这一判断。但是实践中,设立中公司完全可以自己的名义从事设立活动,如以筹备组或筹建处名义签订的合同均为有效合同,在设立中公司的行为中,发起人是隐而不现的,并且如果将设立中公司的行为均认为是发起人合伙行为,然后再转化为设立中公司行为,将不胜其烦。因此,忽略设立中公司机关在设立过程中的主导地位,很难认为是经济实践中确实的现实需求。

(二)承认设立中公司机关独立性是设立便捷的需要。设立中公司机关虽然是由发起人组成,但是如同股东和股东会一样,成员和由成员组成的机关的性质、目标、地位并非等同。作为机关,体现的是团体的意志,代表的是集体的行为,这种集体交易的方式比个体交易更易于节约成本。公司的设立过程,尤其是股份有限公司的设立过程需要的时间较长,期间经历的程序复杂。仅仅以发起人为例,发起人是设立过程主要的设立行为人,但是如果单纯以个人或者合伙的名义来进行公司设立的话,不仅繁琐,而且在公司成立后,发起人所为的各项行为要一一归属于成立后的公

---

① 王泽鉴:《民法总则》(增订版),中国政法大学出版社2001年版,第178~186页。

司,这些均不利于设立便捷的需要。因此,构造设立中公司制度对简化公司设立是十分必要的。设立中公司这一经济共同体自己不能发挥作用,需要通过实体后面的"人"来具体实施,自然人联合而成的统一体构成它的机关。这些机关的具体表现为发起人、董事会、监事会、创立大会。

(三)承认设立中公司机关独立性是交易安全的需要。在设立阶段,发起人意图"制造"公司,这一过程基本为发起人之间、发起人和公权力机关的相互行为,但是发起人的个人行为却会对未来的公司股东和潜在的债权人利益产生影响。设立阶段的董事会、监事会起到的作用虽然不及它们在公司成立后起到的作用,但是仍不能避免成员滥用权利、违背信托义务,而创立大会可以直接决定发起人的行为是否可以为公司所承继。设立阶段一系列的利益冲突需要公司设立规则的立法来平衡和进行风险分配。如果通过设立中公司这一个整体来实施设立行为的话,可以一定程度上抑制个人决策的随意性,因为设立中公司具有自己的意思能力,它通过发起人机关所形成的整体意思,独立于任何一个成员的单独意思。如,设立中公司的目的并非单个发起人目的的集合,而是具有独立性,是系于设立中公司组织整体的目的,它和发起人的目的可能会重合,但是与发起人目的并不存在直接联系。

二、设立中公司机关的特征

(一)机关与设立中公司是一体关系

设立中公司的机关与设立中公司是一体关系,而非设立中公司的代理或者代表,该机关的行为效果归属于设立中公司,因其是设立中公司通过其机关——发起人、董事会、监事会或者创立大会自身从事行为的结果,即是设立中公司的行为。

在否定设立中公司机关的学说中,认为"设立中公司机关说"不能说明公司不能成立时对于设立行为之所需之费用,为何由发起人连带负责,而不由设立中公司承担。也就是说,设立中公司机关的行为不能由组织体来承担,这违背了机关和团体的一体关系。对这个疑问有两个理由可以解释:(1)通说的解释为"在公司不能成立时,设立中公司消灭。在真正公司的情况下,公司解散后因清算而消灭,但设立中公司并非真实存在,无须清算。所以法律规定直接由发起人承担连带责任"。① (2)如果构建设立中公司的主体地位,对这个问题的回答就非常简单了,承认机关和团体的同一性,设立中公司具有独立的财产,以自己的财产独立承担设立责任。发起人作为意思机关承担责任的类型为担保责任。

(二)多个机关在公司设立阶段发挥作用

在讨论发起人和设立中公司的关系时,有一种笼统的倾向,即单纯描述为"发起人为设立中公司的机关"。如有的文章认为:

"发起人基于其设立公司的目的和经过订立章程、认购股份而成为设立中公司的原始构成员之身份,便成为设立中公司的机关,形成设立中公司之意思,执行章程和法律所规定以及设立中公司的意思所决定之事项,代表设立中公司对外进行民事活动,对执行机关及代表机关的行为实施监督,所以发起人身兼四任,同时为设立中公司的意思机关、执行机关、代表机关及监察机关。"②

但发起人只能认为是上述四种机关的成员,而不能取代机关之地位。

其一,设立工作并非均由发起人完成。设立行为是公司设立阶段整个行为的一个通称,它包括了发起行为,所指的发起行为是发起人所为的行为,如订立发起人协议、制定公司章程、发起人出资、发起设立的公司履行报批等法定手续等。而设立行为还包括:募集设立中的向社会公众募

---

① 就发起人和设立中公司关系而言,我国台湾地区学者郑玉波先生列举了4种学说:(1)无因管理说;(2)为第三人契约说;(3)设立中公司之机关说;(4)当然继承说。上述4种观点能各自解释某些问题但均具有一定的缺陷,并不能就发起人和设立中公司关系作出和实践或立法相一致的结论。综合比较,"设立中公司机关说"更能接近发起人地位的实际状况,遂成为通说。对上述各种观点的优劣评价,已不再是公司设立阶段聚讼纷纭的问题,本书不再赘述。

② 杨联明:"设立中公司的法律地位研究",载《河北法学》2003年第3期。

集股份、召集创立大会,选举董事监事、申请设立登记,这些行为需要由发起人组成或选举的机关来完成。

其二,设立中公司内部的分工。公司设立阶段,发起人只对设立中公司的初始阶段起着主导作用,在发起人缴纳首期出资后,其机关的地位需要转移给其他主体。如我国《公司法》第 84 条规定,发起设立中,发起人首次缴纳出资后,应当选举董事会和监事会,由董事会向公司登记机关报送公司章程、由依法设定的验资机构出具的验资证明以及法律、行政法规规定的其他文件,申请设立登记。第 90 条规定,募集设立中,发起人应当自股款缴足之日起 30 日内主持召开公司创立大会,创立大会由发起人、认股人组成。在对申请设立登记的主体的规定上,有限责任公司为全体股东或全体股东选出的代表或者代理人,股份公司申请设立登记的主体为董事会。

三、设立中公司机关的种类

(一)发起人

"凡筹备公司之设立并签订章程之人,是谓发起人"[1]发起人为启动公司设立程序,依法完成发起行为的人。在对公司机关成员的选择中,发起人是合适的,因为启动公司的设立程序,在产生了成立公司的意图后,发起人协议即初步确定公司的类型,公司规模的大小以及股东权利的分配。可以说,没有发起人就没有公司的诞生,就没有设立中公司存在的基础。另外,发起人还掌握公司的设立进程,并在某种程度上可以决定公司设立成败。

对发起人的法律地位的界定,通常是将其放在和设立中公司的关系中来探讨的,因发起人设立行为所产生的权利义务归属于将来的公司。

---

[1] 梁宇贤:《商事法论》,中国人民大学出版社 2003 年版,第 77 页。

这包括两层意思:首先,发起人是设立中公司的原始构成成员。其次,作为设立中公司机关的内部构成的发起人之间为合伙关系。基于发起人协议,发起人之间为合伙,适用民事合伙的规定。作为整体,发起人是设立中公司的意思机关、执行机关和对外代表机关。①

但是,作为机关的发起人性质是受到设立进程的限制的。也就是说,在发起设立中,发起人在首期股款已经缴足或者已募足首期股份后,应当及时选举董事、监事,发起人代表机关的任务告完成。如在募集设立中,发起人在股款缴足 30 日内,依法召集由发起人和认股人组成的创立大会。创立大会作用与股东会相当,性质为股东会的前身,即为设立中公司的意思形成机关。此时,发起人意思形成机关的任务告完成,发起人被创立大会所吸收,并且,发起人对外代表设立中公司的权限随着首届董事会的产生而终止。

(二)董事会

发起设立中,发起人在首次缴纳出资后,应当选举董事会和监事会。募集设立中,选任董事会和监事会为创立大会的职权。在董事会产生后,它取代发起人成为设立中公司的执行机关和代表机关,执行意思机关的决议以及公司的申请设立登记事务。

至于监事会,中国公司法对监事会在设立中公司的地位没有明确规定。由于强调企业经营自由原则,公司法的趋势为放松对设立行为的实质性管制,更多的是对设立程序的形式上审查。因此,对设立中公司的监督较多地采用发起人之间相互监督,或是创立大会监督,对设立过程中财务的监督则应为出资的特殊性交由验资机构监督。所以,笔者认为,监事

---

① 采该观点的为:柯芳枝:《公司法论》,中国政法大学出版社 2004 年版,第 136~137 页,"发起人之法律地位"部分;王保树、崔勤之:《中国公司法原理》,社会科学文献出版社 2000 年版,第 163~165 页,"四、发起人的法律地位及法律责任"部分;江平、方流芳:《新编公司法教程》,法律出版社 2003 年版,第 174 页,"股份公司的设立程序"部分:"在公司设立阶段,发起人对外代表设立中公司,对内执行设立任务。"王文宇:《公司法论》,元照出版有限公司 2003 年版,第 228~230 页,"第二节 股份有限公司之设立"下"发起人的法律地位"部分。

会不为设立中公司的机关。

（三）创立大会

我国公司法对发起设立是否需要召开创立大会没有规定，但是募集设立程序中，创立大会为必经程序，并且，没有按期召开创立大会会导致认股人要求退还股款的后果。并规定，创立大会由发起人与认股人共同组成，并且，创立大会应有代表股份总数过半数的发起人、认股人出席，方可举行。(《公司法》第91条)

创立大会性质为股东会的前身，创立大会创立后，即取代发起人成为设立中公司的意思机关，并对设立中公司具有监督职权。具体来看，创立大会行使下列职权：审议发起人关于公司筹办情况的报告；通过公司章程；选举董事会成员；选举监事会成员；对公司的设立费用进行审核；对发起人用于抵作股款的财产的作价进行审核；发生不可抗力或者经营条件发生重大变化直接影响公司设立的，可以作出不设立公司的决议。

四、设立中公司机关的职权

公司法规定了成立后公司机关的职权，从法理上来说，机关组成成员的权利和机关的职权是不同的。以股东会为例，股东的权利包括自益权和共益权，而股东会的职权更多地体现为决策权和财产的最终索取权，还包括对董事和监事的任免权。公司法学理和立法中，对设立中公司机关的成员的权利义务规定得较为充分。

在公司设立阶段，法律并未作如成立后公司一般的考虑。这是立法的疏忽还是法律有意不作规定呢？总观我国公司法对公司设立的规定，更多地强调了发起人意思自治，公司法在此只是起到一个示范或者补充的作用，在发起人忽视的场合，公司法才发挥作用。笔者认为，原因有两点：(1)设立中公司的影响甚微，远达不到像已经成立后公司对社会的影响力；(2)当代公司设立原则多采准则主义，针对设立阶段的强制性条款远少于对公司运行的监管措施。这都没有离开设立中公司的特征,即它是一个过渡性的团体是一个不断发展的团体,机关的诸多权利是在设立过程中渐次享有的。

在公司设立阶段,大量的或者主要关系发生于设立中公司的成员之间以及设立中公司机关和登记机关之间的。至于向社会募集股份会涉及到认股人等不特定第三人的利益,无疑会涉及公开、公平、公正等,但这已经不是对权力机关权利义务规范可以解决得了的问题,这更多的交由证券监管机构来完成。所以,公司法并无对设立中公司权力机关职权的规定,笔者认为这并非是法律的疏忽,相反正为"公司自治"原则的体现。

需要说明的一点是,公司法没有规定设立中公司机关的职权,并不等于它可以随性而为。一般认为,设立中公司机关的权利以设立行为必须为限度。机关意思的形成是由其成员——发起人来完成,因此,发起人的权利和义务在一定程度上制约了设立中公司权力机关的职权。

股份公司设立阶段选举的董事会虽然取代发起人成为代表机关,但在设立阶段,董事会远远不是核心机构,公司法仍将设立中公司主要的业务执行,包括为公司的设立所需要的事务,以及为开业准备所为的民事行为,交由其意思机关处理。我国公司法规定设立阶段董事会仅为设立申请的机构。所以,下面所探讨的设立中公司机关的权利主要还是其意思机关的权利和义务,包括作为机关的发起人整体以及创立大会。

设立中公司意思机关由发起人组成,在创立大会召开后,意思机关即由发起人整体转换为创立大会。依据我国公司法,发起人和股东具有身份上的可转换性,但在设立中公司转变为公司,也就是发生发起人和股东身份的转换后,发起人和股东的权利及义务均大不相同。股东对公司的义务却非常简单,即股东对公司的义务仅为出资,当股东依约履行出资后,便可受到有限责任的庇佑,免受债权人的直接追索。但在设立阶段,基于发起人的重要地位,发起人承受的义务和责任远较股东复杂。这是设立中公司意思机关和成立后公司意思机关的不同之处。

（一）作为机关的发起人的职权

以发起人首期出资的缴纳为期限,在此之前,设立中公司的机关是作为整体的发起人,并且此时发起人承担了多重机关的角色,它既是设立中公司的意思形成机关,又是执行机关和监督机关。中国公司法仅仅对作为设立中公司成员的发起人的个人权利、义务和责任作出了规定。但是从机关来看,在首期出资缴纳前,设立中公司的权利还是很明确的。从公司法的规定出发,发起人整体作为机关的权利包括但是不限于:

（1）订立和变更发起人协议。发起人协议是设立公司的基础,也是约束设立中公司各成员的依据。根据我国公司法,它还是股份有限公司进行设立登记的基本法律文件之一。发起人协议的内容至少要包括发起人的权利义务以及各自认缴的出资额。

（2）草拟公司章程。

（3）督促设立中公司成员缴纳出资。此为该阶段设立中公司机关最为主要的工作,也是其最主要的权利。

（4）决定发起人的加入和退出。为了达到设立目的,设立中公司内部的发起人之间的关系比公司股东间的关系更为紧密,并受到更多约束。是否允许新的发起人加入或者现有发起人的退出,这应当是设立中公司机关的权力之一,其外在表现形式为章程上签名的发起人名称的变更。

（二）创立大会的职权

募集设立的一个必经程序是召开创立大会。我国公司法规定,创立大会由发起人主持,由发起人和认股人组成,召开的时间为发起人股款缴足之日起30日内。（《公司法》第90条、第91条）

根据公司法,创立大会行使下列职权:

（1）审议发起人关于公司筹办情况的报告;

（2）通过公司章程;

（3）选举董事会成员、监事会成员;

（4）对公司的设立费用进行审核;

（5）对发起人用于抵作股款的财产的作价进行审核；

（6）发生不可抗力或者经营条件发生重大变化直接影响公司设立的，可以作出不设立公司的决议。

可以看出，创立大会的权利是非常广泛的，除了选举首届董事会监事会、通过章程外，还有一项职权，即对公司筹办行为的正当性做出评判，它的直接后果关系到发起人权利义务的归属，如果创立大会审查通过的话，发起人在设立阶段所为的行为后果由成立后的公司承继，反之，则可能发生由发起人承担个人责任的后果。

（三）设立中公司机关的代表

发起人组织作为一个整体作为虽然公司设立行为由设立中公司的机关来实行，但机关意思的实行仍需要由代表来完成。代表的选任并非难事，可以由发起人协议或者发起人选举产生。就设立中公司机关代表而言，代表权限的范围是颇受争议的。一般认为，在公司设立阶段，代表人的代表权限受到法律、发起人协议以及机关授权范围的约束。

设立中公司机关代表的权力至少包括法律赋予发起人在设立阶段完成其职责所必需的活动权力。它和成立后公司董事长或者执行董事的代表权不同之处在于，此时的代表权受到公司设立目的的限制，若代表设立中公司对外从事民事交往的话，它是一种有限制的对外代表权。另一个问题是，在对内代表权中，代表人的权限是否有限制，也即，比如代表人接受其他发起人出资或者认股人股份认购，或者代表设立中公司进行设立登记的话，这种代表权是否是无限的呢？此在我国立法和学理中讨论得均不多。但是有一点可以预料，如果赋予代表人具有无限的代表权的话，这有可能使其他发起人面临风险。一个可行的解决方法是在设立协议中对代表人的权限做出约定，或者在全体发起人同意的情况下授权业务执行人在既定范围内从事经营业务。

第二节　设立中公司机关的议事规则

一、设立中公司机关的表决规则

发起人对公司设立事务的表决权方式,公司法对此没有规定。依据通说,发起人之间的关系为民事合伙,那么,作为一个人合组织,发起人在设立事务中的表决权应当采用"人头主义",即一人一权的原则。这种方式在小型有限责任公司中或许是可行的。但是,对于股份公司,尤其是大型股份公司的设立而言,这种表决方式值得商榷。在股份公司筹建中,发起人基本为法人,即使采取人头主义表决,也是法人的代表机关——董事会表决,而董事会决议的产生,是采取"资本多数决"原则的结果,这样,对设立事务的形式上的人头主义在实质上仍为资本多数决原则。此其一。

其二,对上述观点的反驳理由可能在于,上述的资本决定原则只能表明某个发起人内部的控制权争夺,并不能反映出发起人之间的控制权争夺。但是我们如果仔细分析的话,已经合法成立的股份公司的股东会采取以资本计算表决权的制度,股东是以所持股份的多寡来享有对公司事务的决定权,这一点是毫无疑义的。而在公司成立后,由于我国目前还不承认专门的发起人组织,发起人即成为公司的首批股东,发起人对这一点也应当是明知的。既然设立中公司的目的即是为公司的顺利成立服务,在设立阶段,设立中公司的意思机关要制定公司章程、分配股东权利等,那么,为何不采取资本多数决原则,以和成立后的公司规定相接轨,而是一定要采取和成立后公司完全不同的表决方式——一人一票呢? 如果假定发起人在设立阶段的目的是为了使公司成立为常态,而非意图使公司不能成立为常态的话,我们没有理由反对发起人作为设立中公司机关采取资本多数决的表决方式。

就我国公司法立法而言,设立中公司意思机关的表决方式也并非僵化地采用"人头主义",如股份公司募集设立时,须由创立大会通过公司章程。该章程由发起人共同制定后,尚须经出席创立大会的认股人所持表决权的半数以上通过。此即为"资本多数决"原则在设立中公司阶段的明证。退一步看,就目前对设立中公司机关未做明确划分,笼统地将发起人整体看做是设立中公司的全部机关,没有再在设立中公司划分权力机关、执行机关等,也不宜将机关的表决方式类比为合伙的表决方式。虽然发起人之间为合伙关系,但当发起人集合为一个整体,该整体要形成意思表示时,表决方式的选择以发起人协议来限定为妥,以实现发起人的意思自治。

现行公司法对设立阶段发起人选举的董事会的表决方式没有规定。对成立后公司的执行机构,即公司董事会采用简单多数的表决方式。德国法构建了较为完备的设立中公司制度,设立中公司的日常管理由业务执行人完成,并在设立中公司阶段即任命,以使得设立中公司具备行为能力。和中国公司法不同的是,在德国法中,设立阶段的业务执行人不一定是发起人,它适用团体法上的外人机构原则,因此,在执行事务时,执行机关的表决方式可以采用人头主义,即简单多数的表决方式。

二、设立中公司机关的行为规则

发起人为筹备公司所为的,和公司成立目的相关的一系列的法律行为,可简称为"设立行为"。公司的设立行为和设立中公司行为的范围并不统一。设立中公司的具体行为,因公司类型的差异和国家之间经济发展的不均衡而使立法对具体的设立行为的规定不同。总的来说,有限责任公司设立程序简单,以股东的意思自治为基本原则,设立主义以准则主义为基本色调。股份有限公司的设立程序复杂,尤其是采取募集设立的公司,关涉到认股人的利益保护,且募股程序相当繁琐。设立行为一般包括:(1)确定公司的资本,包括公司的最低资本数额以及资本的筹集方式;(2)制定公司的章程;(3)确定公司的组织机构;(4)履行设立登记手续。履行设立登记手续后,公司即取得法人资格。至此,设立行为结束。设立中公司的行为,和上述公司设立行为有一定差别,它不仅包括公司设立必要行为,还包括和设立公司有关的行为。前者指以公司设立为直接目的以及为创造公司法所规定的公司设立的必要条件而进行的法律上、经济上所必要的行为,如制定公司初始章程、缴纳出资、申请设立登记等,后者即为下一章中所称的开业准备行为。

(一)机关行为规则的法律基础

公司的设立行为既是股东(发起人)之间协议的结果,也是公司设立规则的具体实施的结果。各国公司法对设公司成立条件不同要求决定了设立中公司行为的范围。决定设立中公司机关为边界的法律规则主要包括:

1. 出资达到法定资本最低限额。德国有限公司在其章程中载明的原始资本总额不得低于 25,000 欧元(第 5 条第 1 款)。如果是现金出资,则必须在每个会员已经缴纳的现金出资额必须达到其认缴的原始资本的 1/4,而且已经缴纳的现金出资总额达到全部原始资本的 1/2 时(不包括实物出资部分);实物出资则必须全部缴清,也就是说在登记时实物出资必须处于业务执行人的自由控制之下(第 7 条第 3 款)。实物出资的数额应当包括在需要出资的 12,500 欧元以内,才能予以登记。关于股份有限公司,德国和法国等欧盟国家均受到欧共体关于公司的第 2 号指令的约束。① 第 2 号指令颁布后,在设立股份公司的最低资本金方面,欧盟各成员国的法律相应做了调整。如法国,自 2002 年起,设立股份有限公司的最低资本金为 37,000 欧元,如为公众性股份有限公司,其最低资本金为

---

① 该指令规定:为使公司得以设立或者开业,成员国法律应当规定实际认购股本的最低数额。此种数额不得低于 25,000 欧洲货币单位(第 6 条)。实际认购资本必须由能够作出经济评估的资产组成。但是,完成工作或者提供服务的承诺不在此限(第 7 条)。

225,000 欧元,设立时,必须至少缴纳 1/4 的股金。在意大利,股份有限公司的最低资本金为 1,000,000 欧元,有限责任公司则为 10,000 欧元,设立时,必须至少缴纳 1/10 的股金。根据欧盟第 2 号公司法指令的规定,英国必须采取大陆法的规定,为此,英国公司法规定,设立公司的最低资本金为 50,000 英镑,其中,1/4 必须于设立时缴纳。[①] 比利时为 62,500 欧元;德国为 100,000 欧元;荷兰为 45,450 欧元。[②]

2. 订立公司章程各国公司法均规定了公司章程为公司设立的必要法律行为。《日本商法》第 165 条规定:"设立股份有限公司,须由发起人制定章程。"《日本有限公司法》第 5 条规定:"设立有限公司时,须制作章程。"[③]《美国示范公司法》将公司章程归档日期作为公司成立日期。我国"台湾地区公司法"第 129 条也规定,股份有限公司之章程应由发起人全体之同意为之,其并应经发起人之签名或盖章,该章程之订立始完成。其"公司法"第 98 条第 2 款规定有限责任公司应以全体股东同意订立章程。

3. 名称、组织机构、住所。此项因国家不同有所差异。但为中国公司法规定的两类公司设立的必备条件。

值得介绍的是离岸公司的设立规则,其设立程序极为简便,很多注册地都备有现成的空壳公司可供客户在 24 小时内完成注册,注册新公司需要 2~7 个工作日。除一般公司的设立方式以外,根据各离岸公司法的规定,离岸公司还有一种独特的成立方式,那就是存续成立。在这种设立方式中,已经依据外国法成立的外国公司在满足一定条件后只要向离岸法域的公司登记官提交存续申请以及其他相关文件,在该申请获得批准并签发存续证书后,该外国公司即可获得离岸公司的身份并以此根据该离岸法域的离岸公司法开展活动。此即一种简单的身份转换。如:《英属维

① 高旭军:《德国资合公司法》,法律出版社 2005 年版,第 33 页。

② 傅穹著:《重思公司资本制原理》,法律出版社 2004 年版,第 136 页。

③ 吴建斌主编:《日本公司法规范》,法律出版社 2003 年版,第 39 页、第 283 页。

尔京国际商务公司法》①第 8 章第 84 条:(1)依据 BVI 普通公司法或英属维尔京群岛之外法域的法律而成立的公司如果符合本法第 5 条对国际商务公司规定的要求,并在满足下列条件后,可以依据本法成立的公司的身份存续:……(2)依据英属维尔京群岛之外法域的法律而成立的公司有权以依据本法成立的公司的身份存续存在,而不论其成立所依据的法律是否有任何相反规定。(3)根据 BVI 普通公司法成立的公司,不管该法是否有不同规定,都可以通过董事会决议的方式,依照本法进行存续成立活动。(4)略。

《开曼群岛公司法》的第 12 章,"以存续方式进行的转换",第 221 条第 1 款按照岛外其他任何法域法律,以有限责任设立、注册或存在的有股本的法人团体,可以向公司登记官申请依照本法以存续方式注册为股份有限豁免公司。

《库克群岛国际公司法》第 16 条,依库克群岛外任何国家或某国的任何司法区域内之法律成立的公司或法人,都可以向登记官提出在库克群岛存续并作为依据本法成立之公司的申请,只要登记官认为该公司或法人设立之国家或司法区域的法律允许。

(二)设立中公司机关的行为内容

由上可知,设立中公司的行为规则并无定规,是由该国对公司设立态度的宽严决定的。并且,设立规则绝大多数是程序上的要求,并无对设立中公司的实质上的约束。公司设立中,设立中公司的行为以满足公司设立规则为行动之向导。而具体的行为内容,又因公司设立方式不同而有差别。我国公司法规定,有限责任公司只能采取发起设立方式,股份有限公司可以采取发起设立和募集设立方式。发起设立,是指由发起人认购公司应发行的全部股份而设立公司。募集设立,是指由发起人认购公司应发行股份的一部分,其余股份向社会公开募集或者向特定对象募集设

---

① 离岸公司法规则见张诗伟主编:《离岸公司法理论制度与实务》,法律出版社 2003 年版,第 14 页、第 89 页、第 160 页、第 208 页。

立公司。具体地看,发起设立和募集设立规则有较大差异,其对应的设立行为随之不同。下面介绍的公司设立行为,以中国公司法的规定为主要对象,兼顾大陆法系国家的立法规定,并仅就具有共通性的设立行为加以介绍。鉴于募集设立远较发起设立行为复杂,为防止叙述的重复和冗长,我们以募集设立行为为主,并将发起设立中和募集设立行为不同之处以及两类公司中有差异的设立行为加以注明。

1. 订立发起人协议

订立发起人协议并非各国公司法规定的一项必经的程序,从性质上说,发起人协议是发起人之间的合伙协议,明确发起人之间的权利与义务。中国公司法规定股份有限公司中,发起人协议为必要法律文件。

2. 订立公司初始章程

章程的订立基本为设立公司的必经程序。有限责任公司的章程由股东(也即发起人)共同制定公司章程;股份公司由发起人共同制定。

3. 必要的行政审批

我国《公司法》第6条规定:"设立公司,应当依法向公司登记机关申请设立登记。符合本法规定的设立条件的,由公司登记机关分别登记为有限责任公司或者股份有限公司;不符合本法规定的设立条件的,不得登记为有限责任公司或者股份有限公司。法律、行政法规规定设立公司必须报经批准的,应当在公司登记前依法办理批准手续。"现行公司法取消了"股份有限公司设立需要经过国务院或省级人民政府审批"的规定,因此,我国采取的设立主义为严格准则主义。

德国有限责任公司法规定,如果经营对象需经国家批准,那么,在设立登记前,必须报经国家有关部门批准,取得批准证书。

4. 初始资本额的缴纳与验资

资本的筹集是公司设立过程中必经程序,也是公司必要的设立行为之一。中国公司法的资本制度由严格的法定资本制转变为法定资本制,缓和了设立中公司筹集初始资本的严格的限制。其中,《公司法》第26

条、27条、28条规定了设立有限责任公司资本额的缴纳,第81条、第83条、第84~89条规定了股份有限公司初始资本的缴纳。

5.确立公司的组织机构

在初始资本筹集完成后,发起人应即选出董事及监事。在大陆法系国家,董事在一定情况下还应请求法院指派检查人。检查人应对设立公司的全部情况(包括章程、认股与缴纳股款、以实物抵缴股款时的作价等)进行调查,并向法院报告。法院认为无问题时,即批准检查人的报告。法院认为有问题,可以纠正时,应由发起人纠正;不能纠正时,法院不予批准,法院发现有违法情事时并可对发起人加以处罚。[①]

我国《公司法》规定,股份有限公司发起设立时,在发起人首次缴纳出资后,应当选举组织机构(第84条),在募集设立中,由创立大会选举公司的组织机构。对有限公司的组织机构的产生,在公司法中没有明确,但是就上述公司设立规则而言,我国有限责任公司设立规则要求有"组织机构"项,故在公司设立阶段选举组织机构应是题中应有之义。

6.申请设立登记

大陆法系公司法一般规定了设立登记的主体和时间。中国公司法规定,有限责任公司,在股东的首次出资缴纳并验资后,由全体股东指定的代表或者共同委托的代理人申请设立登记(第30条)。在发起设立的股份有限公司中,发起人首次缴纳出资后,即可由董事会申请设立登记(第84条)。在募集设立中,董事会在创立大会结束后30日内申请设立登记(第93条)。

日本相关法律规定,有限责任公司应在股东缴纳出资之日或完成设立调查手续之日起两周内进行设立登记。[②]

总而言之,就设立中公司而言,其机关可以说是本体论的核心问题之一,本节选取了某些有争议的或者目前通说没有涉及的问题来讨论,对已

---

① 谢怀栻著:《外国民商法精要》(增补版),法律出版社2006年版,第315页。
② 毛亚敏著:《公司法比较研究》,中国法制出版社2001年版,第97页。

经成定论或者毫无争论意义的问题没有再列入考虑范围,本书的意图为区分设立中公司机关的成员和机关,不再将二者混淆。在思考并仍然将思考的是如下结论的合理性:

1. 发起人作为一个整体属于设立中公司机关,这毫无疑问,但是它不是设立中公司的唯一机关。

2. 设立中公司机关的表决方式并非唯一,可以由发起人协议来决定是否采取资本多数决方式或人头表决方式。

3. 发起人和设立中公司机关各有自己的权利或者是权限范围,不能将发起人的权利混同于机关的权力。

第三节　设立中公司机关的合同责任

就设立中公司机关的设立责任的性质,已经在前述"设立中公司的独立性"一章中涉及,故此不再赘述。本节讨论设立中公司机关除了设立责任外的另一种责任类型,即为开业准备而从事的民事责任的承担。

设立中公司签订的合同(pre-incorporation contract),也被称为先公司合同。为了能够创设公司,公司发起人(promoter)需要从事大量的行为。有学者将这些契约归结为四大类:(1)出资契约,即发起人将自己的财产转让给所设立的公司;(2)股份认购契约,如股份公司募集设立时,发起人需要制作招股说明书并和认股人签订认股书;(3)发起人为设立公司机构和第三人签订的聘用他们为董事会等成员;(4)为开业准备,发起人和第三人签订的租赁、买卖等民事合同。如,土地使用权出让、转让合同、不动产(动产)买卖合同、建筑(厂房的)合同、装修(办公用房)合同等。前三类契约的签订被视为是设立公司必要的民事行为。对第四类行为,学者间有不同的看法。先前的观点认为,开业准备行为不为设立必需的行为,其法律责任均由发起人自己担任。现在的观点与此相左,学者和司法实践承认设立中公司从事这类行为的必要性,这一类合同被称为先公司合同。先公司合同为："公司成立之前，即在组织公司的初步工作中根据需要而签订的契约。例如，为了获得地产。"①

设立中公司合同的定义在我国现行法中没有明确规定。也有学者在探讨这种合同时，强调契约目的的正当性，即非为了公司成立必要的合同，应当由发起人承担个人责任。本文认为，探讨非为设立公司必要的行为似无太大意义。因此，下文将要讨论的"设立中公司合同"为发起人为公司成立目的和第三人签订的合同。

一、设立中公司合同的复杂性

1. 合同效力的复杂性

这类合同的效力取决于对设立中的公司能否直接参与商业往来的态度，在英美早期的制定法和判例中，不承认公司设立时签订的合同的效力。现在这种僵化的纯粹逻辑推理的观念被抛弃。但是合同效力涉及的问题不仅仅囿于设立中公司是否具有主体地位。一般地，设立中公司签订的开业准备合同包括但不限于：以设立中公司名义签订的民事合同；以成立后公司名义签订的民事合同；发起人以自己的名义签订的民事合同。这三类合同的效力是否一样呢？答案当然是否定的。还有一些细微的问题，如：发起人以成立后公司名义订立的合同，是合同无效，抑或是效力待定？此时，行为人赔偿信赖利益的损失还是履行利益的损失？

基于此类合同效力的复杂性，可以看出，它是设立中公司行为中确实值得关注的方面。

2. 合同责任归属的复杂性

我们知道，设立中公司本身是一个渐进形成的、有其生成起点和终点的过渡性存在，也就是说，和成立后公司的永续特征不同，设立中公司最

---

① 张汉槎著：《香港公司法原理与实务》，科学普及出版社1994年版，第46页。

终或被公司取代或因为设立失败终止。无论何种情况,均涉及设立中公司为开业准备而签订的民事合同的效力和责任的归属。

公司成立时,如若根据"同一体说",笼统地将设立中公司签订的这类合同的责任均由成立后公司承担,这种归类略嫌粗糙。此将在下文"先公司合同类型和责任归属"中详述。公司不能成立,也就是设立失败时,这类合同的效力一般认为应当由发起人自己承担,但从下文的分析中,我们知道这抹杀了设立中公司独立性,将发起人和设立中公司混为一体,同时,本文也承认某些情况下,先公司合同的责任确由发起人承担,这种责任承担的依据是发起人的担保责任的体现。

3. 公司法和商业实践的复杂性

设立中公司签订的合同效力和责任承担,这确是商业实践中经常遇到的问题,同时,也是审判实践中纠纷聚讼的领域。比如,发起人以一个企业作为出资的情况下,设立中公司在设立登记之前应当经营这个企业。下文将以案例研讨的方式入手探讨先公司合同的法律问题。因为此种合同的效力和责任承担不仅影响到交易的稳定安全,还影响到合同签订各主体之间权利义务的平衡。

二、设立中公司签订的民事合同的效力

设立中公司签订的合同(pre-incorporation contract),也被称为先公司合同。在一些案例中,发起人对公司尚处于设立阶段是明知的,但是和发起人交易的第三方对此并不明知;在某些情况下,公司根本就没有成立,就是我们常说的设立失败;而在某些情况下,公司成立并且继受了(adoption)这些合同;在某些案例中,这类合同是以发起人的个人名义签订的;而在另一些案例中,这类合同的一方当事人是为"设立中公司";在某些情况下,公司已经成立并承认这些合同,可是在履约完毕前,公司却又破产了。对待公司在成立前形形色色的和第三人签订的民事合同的态

度,学者和判例也经历了从笼统概括到区别对待的,从形式主义到实质主义的演变。本节要探讨的问题是:设立阶段签订的合同的效力,也即,设立中公司在订立这些合同时需要遵守哪些规则才可能导致合同是有效的。

(一)以设立中公司名义签订的合同效力

设立中的公司能否直接参与商业往来?从合同主体的角度,将设立中合同划分为三类:(1)以设立中公司名义签订的民事合同;(2)以成立后公司名义签订的民事合同;(3)发起人以自己名义签订的民事合同。那么,下文将讨论:这三类合同是否均为有效合同?

[案例1][①]

1997年4月10日,三门峡工行作出"关于成立银丰集团中心筹建处的通知",决定成立筹建处。筹建处未办理营业执照和筹建许可证。1998年5月8日,三门峡市建设工程有限公司(下称市建公司)与三门峡银丰集团中心筹建处(下称筹建处)签订"银丰主楼续建部分"建设工程施工合同,同年5月13日,双方又签订"锅炉房、仓库续建工程"施工合同。上述合同签订后,市建公司依约分别进驻工地进行施工。1999年12月16日两工程竣工后,筹建处未组织验收即投入使用。后于2000年5月到8月间,市建公司向筹建处提出"主楼土建签证及配楼签证"等相关结算报告。筹建处收到报告后未审查批准并办理工程款拨付。现市建公司提起诉讼,要求三门峡工行和筹建处返还所欠的工程款。

上例中,建设工程施工合同以"筹建处"为合同主体。"筹建处"、"设立中公司"等字样可以表征设立中公司名义。对该类合同效力的认定有一个从否定到有限肯定的发展过程。

1. 传统大陆法不承认设立中公司的独立地位。其将设立中公司的性质限定为"无权利能力的社团"。自然,一个无民事行为能力的社团自不

---

① 案例来源,见(2002)三民初字第22号民事判决书。

可作为合同的主体。① 但是将设立中公司性质定位为无权利能力社团的学说已经受到挑战。(具体理由请参见前文"设立中公司的独立性"一章)

2. 德国法中,承认设立中公司可以为民事活动的学说,除了对设立中公司法律性质的认识发生重大转变外,另一个原因是:"至少德国的通说放弃了'公司在设立阶段不可以从事民事活动,以免侵害公司财产'的观念。在承认设立中公司有一定的民事行为能力可以从事民事活动外,德国公司法采'资本不受侵害原则'来达到先前'禁止前负担原则'所追求的目标,也即为会员(股东)设定对公司设定前负担的责任(简称前负担责任),有的学者则称为账面亏损责任(Unternbilanzhaftung),更早前则被称为差价责任(Differenzhaftung)来确保公司设立登记时的原始资本价值。"②更进一步,现在德国通过判例确定了设立中公司学说,确立了设立中公司的地位。

3. 在英美早期的制定法和判例中,不承认公司设立前契约的有效性。

如在英国,成立后的公司不得批准其注册登记前签订的合同,不允许投票决定在公司成立后仍继续履行这一合同。同时,公司不得就注册前签订的合同控告第三人。当然,第三人也不得就注册登记所签订的合同控告该公司。即使公司相信合同合法有效并且照约行事,并从合同中获得了益处。19世纪美国的判例在处理这个问题时,认为设立中的公司不符合传统的合同和代理规则,即设立中公司发起人不能成为一个并不存在的"将来公司"的代理人,也就不可能成为合同的一方当事人,据此,认为设立中公司的该类合同是无效的。即"代理不能先行约定尚未出现的主体的义务,但只要公司接受了发起人合同,则公司有可能就发起人签订

---

① 《德国股份公司法》第41条第1款(1)项。贾红梅、郑冲译:《德国股份公司法》,法律出版社1999年版,第23页。

② 吴越、茅院生:"先公司民事行为的案型归类及责任分配",载《法律科学》2005年第4期。

的合同负责。"①

这种单纯注重合同主体形式的僵化的概念法学因为不符合商人自由贸易灵活性的需要已经被抛弃或者修正。通过法官造法,英美通过判例形成"新契约理论",即,公司要对这些合同发生效力,必须有一个"合同更新"(novation),也就是说,公司在其注册立案后签订新的合同来继续履行发起人在注册前所签署的合同,以新合同来代替旧合同。

4. 我国对在公司筹建阶段,以设立中公司名义签订的合同是否有效尚没有制定法上的规范。已有的学者的讨论认为,除了要满足合同法规定的合同的生效要件外,对该类合同主要仍是考虑合同主体。我国有学者认为法人的筹备组织为"其他组织",②也有学者认为设立中公司相当于法理学上的非法人团体③。但是普遍的观点认为《合同法》第2条规定,自然人、法人、其他组织均可以订立合同。"其他组织包括合伙企业、设立法人的筹备组织、特定的会议等"。④ 故我国设立中公司订立的民事合同为有效合同。这种观点也为司法实践所接受。

(二)发起人以成立后公司名义订立的合同效力

在公司设立阶段,为开业准备所签订的合同中,间或出现直接以"公司"作为合同主体的案例。但此时的"公司"仍处于虚拟状态,是否能够完成商业登记,领取营业执照仍是一个未知数。那么这种合同的效力如何呢?

[**案例2**]⑤

李某、某旅游公司和某经贸公司三方于2001年初签订协议共同投资设立某汽车租赁公司。其协议的主要内容是:(1)李某个人以实物(主要是汽车)出资,折价250万,旅游公司和经贸公司各以现金75万出资,公

---

① 朱伟一著:《美国公司法判例解析》,中国法制出版社2000年版,第30页。
② 崔建远:《合同法》(第3版),法律出版社2003年版,第71页。
③ 参见江平、孔祥俊:"论股权",载《中国法学》1993年第5期。
④ 崔建远:《合同法》(第3版),法律出版社2003年版,第71页。
⑤ 案例来源:http://www.civillaw.com.cn/weizhang/访问日期:2004年12月8日。

司注册资本 400 万元;(2)李某负责公司的设立和筹办事务;(3)公司成立后,由李某担任公司的董事长和总经理,全面负责公司的经营管理。

2001 年 3 月,李某以某汽车租赁公司的名义与某汽车制造厂订立购车合同。约定:(1)汽车制造厂向汽车租赁公司出售单价为 10 万元的越野吉普车 25 辆,总计 250 万元;(2)2001 年 6 月 30 日前交货。

同年 7 月,该公司取得营业执照。之后,李某即以汽车租赁公司的名义办理了该批汽车的过户登记手续。截至 2002 年 3 月 1 日,尚欠 40 万元未付。

汽车制造厂向汽车租赁公司索要余款。汽车租赁公司拒绝支付。理由是:(1)合同虽然是以汽车租赁公司的名义订立的,但当时汽车租赁公司并未成立,实际上是李某的个人所为;(2)根据投资协议、验资证明和公司章程,汽车应为李某的个人出资,其所欠的债务应由李某个人承担。汽车制造厂遂以汽车租赁公司为被告诉至人民法院。

本案例和案例 1 不同的是,发起人李某是以尚不存在的"已经成立的公司"为合同主体。那么,如果发起人不是以"筹建处"、"设立中公司"的名义,而是直接以"预成立公司"名义和第三人签订合同,这种合同是否有效? 一般地,有三种解决方法:

1. 是合同无效,抑或是效力待定?

在探讨合同的效力之前,我们有必要回顾一下现行法律对合同效力的规定。我国《民法通则》第 55 条规定:"民事法律行为应当具备下列条件:(一)行为人具有相应的民事行为能力;(二)意思表示真实;(三)不违反法律或者社会公共利益。"另外,我国合同法示范了较完备的合同条款,其第 12 条规定了合同示范条款以提示缔约人,即合同的主要条款除合同标的外,还包括当事人的名称或者姓名和住所。无论是民法通则还是合同法,讨论民事法律行为的效力的基础要件即为"当事人",当事人是合同权利和合同义务的承受者,没有当事人,合同权利义务就失去了存在的意义,给付和受领给付也无从谈起,因此,订立合同必须有当事人这一条款。

我们先不论当事人的权利能力、行为能力等,如果连当事人都不存在,则所有的讨论失去了对象。而在公司设立阶段,公司法律实体还未产生,发起人(筹建人)以公司名义同第三人进行交易,实质上,和利用一个虚拟的主体交易没有区别。我国大陆学者张舫认为,以与成立公司名义签订的合同无效,对此类合同,由行为人承担缔约过失责任。

另一种较为常见的观点是认为这类合同属于效力待定合同,如果合同被成立后公司追认,则合同有效,并由公司承担合同责任。

如针对案例2,赵万一先生分析道:

"汽车租赁公司成立前,李某作为设立中公司的机关以成立后公司的名义订立的合同是一个效力待定的合同,需要由成立后公司对其效力进行追认。汽车租赁公司成立后,公司继续占有并使用汽车制造厂出售的汽车,使得汽车制造厂有充分的理由相信成立后汽车租赁公司的行为已构成了追认,该合同生效。由于公司依法成立后必须对公司设立过程中产生的债权债务进行概括承受,此时成立后公司取代设立中公司的地位进入到合同中间,合同对其产生约束力。"

从交易安全的角度出发,承认设立中公司以公司名义所经营的业务或已从事的法律行为,不认定契约当然无效,合同的有效性可以由成立后的公司来追认。以其行为主体来达到契约设定之初的目的。

2. 行为人赔偿信赖利益的损失还是履行利益的损失?

如果采纳上述合同因为主体缺失而导致合同无效的后果,那么,根据我国合同法和民法对合同无效的处理,导致合同无效的责任方承担缔约过失责任。缔约上的过失责任,是指缔约人故意或过失违反先合同义务时,依法承担的民事责任。[1] 所谓先合同义务,是指缔约人双方未签订合同而相互磋商开始,逐渐产生的,包括通知、保护、诚实信用、协助的义务。理论上,缔约过失责任的情形主要为合同订立过程中产生,但在理论上,

---

[1] 我国《合同法》第42条规定了缔约中过失致损的责任;第43条规定了缔约中违约侵害商业秘密的责任。

通说认为,合同在成立后归于无效,合同无效所产生的责任也为缔约过失责任。[①]

对造成合同无效的责任方,承担的缔约过失责任的赔偿范围为信赖利益的损失。它包括直接损失和间接损失。其直接损失有:(1)缔约费用;(2)准备履行所支出的费用;(3)受害人支出上述费用所失去的利息。其间接损失为丧失与第三人另订合同的机会损失。

我们再来分析行为人的另外一种责任形式,就如德国法中规定的,对以成立后公司名义签订的合同,要求行为人承担个人责任或者总体责任。如,《德国股份公司法》规定,在商业登记簿登记注册之前,不存在所谓的股份公司。在公司注册登记以前以公司名义进行的商业活动者,由个人承担责任;几个人进行商业活动的,他们作为连带债务人承担责任。公司通过与债务人签订合同,用公司代替原债务人的方式来承担一种在公司进行登记之前以公司的名义承担的债务的,无需债权人同意就可以使这种债务接收有效,只要在公司进行登记后3个月内就债务接收达成了协议,并由公司或债务人通知债权人即可。当然,公司也可以不承认这些合同债务。[②] 此处的"个人责任"或者"总体责任",究其性质为违约责任,会产生合同解除、损害赔偿发生的后果。从我国合同法的规定来看,违约责任需要赔偿的是履行利益。

(三)发起人以自己名义签订的合同效力

毫无疑问,这类合同不存在主体方面的难题,只要符合《民法通则》和《合同法》规定的合同有效要件,自然合同为有效合同。关于这类合同,有意义的话题是,这类合同责任的分配问题。本书将在下文着重解决之。

[①] 持该观点的学者如马俊驹等,见马俊驹、余延满著:《民法原论》,法律出版社 1998 版,第 566~568 页;崔建远:"缔约过失责任有如下几种类型:……(8)合同无效时的缔约过失责任。(9)合同被变更或撤销时的缔约过失责任。(10)合同不被追认时的缔约过失责任。(11)无权代理情况下的缔约过失责任。"参见崔建远著:《合同法》,法律出版社 2003 年版,第 87~88 页。

[②] 《德国股份公司法》第 41 条第 1 款(2)(3)项。转引自:贾红梅、郑冲译,《德国股份公司法》,法律出版社 1999 年版,第 23 页。

三、设立中公司合同责任的承担

在就设立中公司和成立后公司的关系的大探讨中,"同一体说"渐占上风,这种理论认为:设立中公司在构成上已经具备成立后公司之一部或全部,它与成立后公司可以超越人格的有无而在实质上归属为一体。因为设立行为所产生的权利和义务,一经公司成立,就归属于公司。[①] 江平先生也认为:"如果公司如期成立,设立中公司所为法律行为的法律后果由公司承受。"[②]。更有学者将设立中公司和成立后公司的关系比喻为"孕育中的胎儿"和出生后的个体的关系,颇为形象。

上述学说的关注点更多是设立公司中,发起人的固有行为以及固有行为的附属行为。诸如:订立章程、召开创立大会、聘用经理等,为公司承受为必然。但是对设立阶段签订的先公司合同,则并非当然由成立后的公司承担合同责任。在公司成立后债权债务的转移问题上,需要着重关注的是合同责任的分配。即公司、设立中公司、发起人(签订合同之人)需要在何种情况下承担责任? 发起人是否可以免除自身的个人责任?

（一）债权债务的转移

设立中公司在设立登记领取营业执照后,即成为法律承认的有独立主体地位的法人。此时,为设立中公司设立的权利与义务是否也随着公司的登记而转移到公司呢? 这在德国法和英美法中的观念不太一样。

1. 德国法的规定。以有限公司为例,在德国法中,采"有限公司对设立中公司的债务承担责任的学说",即有限公司对设立中公司的一切债务承担责任,但是设立中公司的法律行为并不导致有约束力的后果的除外。由于设立中公司具有法律行为能力,因此随着有限公司的设立,不但设立

---

① 柯芳枝:《公司法论》,台北三民书局 1993 年版,第 163 页。
② 江平主编:《公司法教程》,法律出版社 1994 年版,第 161 页。

中公司的财产转移到有限公司,而且其债务也随之转移。至少法律中的设立规范间接地承认了这一点并且以此为前提。上述的这种全部后果转移方式在《德国公司改组法》第202、214条中也有类似规定,换言之也就是人合公司改组为资合公司的类似规定。对此德国理论界已经多次强调过。

可知,在德国有限公司法中,强调的是目的的正当性。设立中公司的业务执行人只要在代表权限范围内形成的,为了公司成立的目的而形成的债权债务,被视为"设立中公司自身的债务",无需债务转移的特殊方式即可转移至成立后的公司。

2.在英美法中,成立后的公司并不自动对公司成立前的合同承担责任。[①]

如:在普通法上,对合同责任的分配可以概括为:

(1)公司不能批准发起人在公司成立之前为代表公司签订的合同。(Kelner v. Baxter)

(2)发起人要对先公司合同承担责任,在能够证明发起人有意图是合同一方当事人的情形下。(*Kelner v. Baxter as interpreted by Newborne v. Sensolid Ltd. , Black v. Smallwood, and Wickberg v. Shatsky*)

(3)公司成立之前,发起人以设立中公司名义意图签订合同,发起人对违反授权的行为负责。(*Black v. Smallwood and Wickberg v. Shatsky*)然而,这种损害赔偿,在公司破产或者成立后的公司愿意继续实施该项交

[①] 该理由,朱伟一先生有简短但清晰的解释:"公司存在之前由发起人签订的合同起初并不是公司的合同,对公司并无约束力,因为发起人与公司的关系是先有'代理'后有主体。代理不能先行约定尚未出现的主体的义务,但是只要公司接受了发起人合同,则公司有可能就发起人签订的合同负责。"参见朱伟一:《美国公司法判例解析》,中国法制出版社2000年版,第30页;另者,施天涛先生区分了"追认"和"继受"的区别。他认为,从技术层面上讲,公司对先公司合同的认可是一种"继受"(adoption),而不是一种追认(ratificationm)。因为,追认为被代理人之权利,但是在设立之公司阶段,被代理人尚不存在。本书采取施天涛的观点。也采用"继受"术语,此处,"继受"和"接受"并无区别。参见施天涛:《商法学》,法律出版社2004年版,第159页。

易时,可能仅仅是名义上的。(Wickberg v. Shatsky)①

但是,普通法的严格立场在发起人和第三方之间都产生了危险,也就是可能会出现没有可以实施的合同。即交易的第三方和公司之间(*Black v. Smallwood, and Wickberg v. Shatsky*),或者发起人和公司都不能实施先前订立的合同(*Newborne v. Sendolid Ltd.*)。

显而易见,这种状况肯定不利于交易的安全。美国示范公司法(CBCA S. 14)修正了普通法的立场:②

第14(2)规定,公司可以在成立之后"继受"合同,如果公司继受了合同,则公司要承担合同责任并有权享受合同利益,同时免除了签订合同的发起人的个人责任和合同利益。公司继受合同应当在公司成立后的"相对合理的时间"内,公司可以以任何能够表达它愿意受合同约束的方式或行为(来继受合同)。

美国的司法判例则明确了这样一个观念:仅仅因为公司诞生的事实并不必然导致合同当事人的变更,因此要想让公司受合同的约束,必须有明确的证据证明公司同意合同当事人的变更。通过法官造法运动,一般地,判例确定以下几种情况可以视为对成立后公司的有约束力的"继受":

(1)明示接受。董事会对合同追认的正式决议(formal resolution)是最明显的证据。

---

① The following points can be derived from the agency law on ratification and the cases noted above: (i) A corporation cannot ratify a contract that a promoter purported to enter into on behalf of the corporation before the corporation came into existence (*Kelner v. Baxter*). (ii) A promoter an be liable on a pre-incorporation contract but only if it can be said that it was intended in the circumstances that the promoter be a party to the contract (*Kelner v. Baxter* as interpreted by *Newborne v. Sensolid Ltd.*, *Black v. Smallwood*, and *Wickberg v. Shatsky*). (iii) Where the promoter purported to act on behalf of a corporation before it came into existence the promoter can be liable for a breach of warranty of authority (*Black v. Smallwood* and *Wickberg v. Shatsky*). However, the damages may be nominal where the corporation, or the business which it was intended would be carried on by the corporation, is now insolvent (*Wickberg v. Shatsky*).

② 资料来源:"notes on bussiness association" by mark gillen.. http://www. law. uvic. ca/newcombe/315/documents/Ch15-Pre-IncContracts. DOC,2004 年 12 月 8 日访问。

（2）追认也可以是默示的。例如，公司董事会或有权约束公司的管理人员知道并了解合同。在 McArthur vs. Times Printing Co. 一案①中，公司就追认了一个设立中公司的雇佣合同，因为所有的股东和管理层都知道这一合同，但都没有表示反对。

（3）公司履行或继续履行合同的行为——根据合同支付对价或者接受合同利益的行为，也被视作是对合同的追认。② 不过在公司接受了合同利益，但没有正式追认合同时，判决公司和发起人承担连带责任。

（4）公司接受了公司前身的全部财产，则公司必须就公司存在之前的合同负责，因为公司已经成为发起人的"化身"。公司实际享有前合同的履约利益，也应当视为公司继受了该先合同，即使该合同是发起人或者出资人以自己名义和第三人所签订的。③

（5）"更新"的方式，即由成立后的公司与债权人重新签订合同取代旧合同的方式转移合同履行主体，使发起人的行为发生法律效力。

（二）公司成立后，先公司合同责任的分配

美国法中责任分配的根据——推断当事人意图，美国示范公司法修正了普通法，在其第 14 条中规定了责任分配。CBCA14（1）规定，除非合同明确规定，否则（见 14（4））在公司成立之前，以公司名义或者代表公司签订或意图签订书面合同的人对该合同负个人责任并有权享有合同利益。第 14 条第 3 款授予法院在公司和声称代表公司签订合同人之间分配责任。第 14 条第 4 款规定，合同相对人可以在书面合同中"明确的"同意免除在公司成立前代表公司签订合同，成为合同一方当事人的合同责任，或者，该人可以享受合同利益的权利。

美国法中，合同当事人是否免除发起人合同责任的意图非常重要。否则，发起人需要对该合同负个人责任。该意图的推断，应当结合根据合

---

① 51 N. W. 216（Minn. 1892）.
② 案例参见 Illinois Controls，Inc. v. Langbam。转引自 639 N. E. 2d 771（Oh. 1994）。
③ 《关于审理公司纠纷案件若干问题的规定（一）（征求意见稿）》第 5 条有类似规定。

同本身或者订立合同时的其他情况,作为了解合同相对人意图的证据。比如:"协商(Negotiations)"。在买方组建的公司成立以前,一位销售护理用品的经销商坚持终止合同。法院认为发起人不必承担责任,因为销售者已经通过其代理人的行为同意仅仅让公司支付货款。(见 Quaker Hill, Inc. v. Par①)

为了说明设立中公司有权从事民事交往,学者普遍赋予设立中的公司有限权利能力。

[案例3]

2000 年 10 月至 11 月,朱鞠平以筹建中的无锡市贵都休闲浴场有限公司(以下简称贵都浴场)的名义,先后四次向吴雪英为业主的无锡中储装饰材料城英嘉建陶商行(以下简称建陶商行)购买墙地砖等装饰材料,朱鞠平以贵都浴场名义出具了欠条,贵都浴场筹建处两次致函建陶瓷商行,确认其曾订购墙地砖,并支付现金 1 万元等。现尚欠货款若干。

另查明,贵都浴场系街道办与朱安迁等四个自然人发起设立的有限责任公司,于 2000 年 5 月经工商部门预先核准企业名称,名称预先核准保留期为六个月。期满后,贵都浴场未能如期依法成立。同年 12 月 12 日,吴雪英诉至无锡市北塘区人民法院,请求判令朱鞠平、街道办共同支付货款若干元。

一审宣判后,街道办不服。向无锡市中级人民法院提起上诉。并提供新的证据,即二审期间,贵都浴场于 2001 年 3 月 29 日依法经工商部门核准成立。

无锡市中级人民法院经审理认为,鉴于二审期间贵都浴场经核准登记并取得了独立法人资格,本案所涉义务承受人发生变化,再由街道办承担贵都浴场筹建处的还款责任不当。权利人吴雪英在知晓贵都浴场已经成立的事实后,仍坚持要求贵都浴场的开办人街道办承担责任,在法院规

---

① 364 P. 2d 1056(Colo. 1961).

定期限内又不明确表示变更诉讼主体,故对其诉讼请求应予驳回。由于街道办在二审中提供了新的证据,导致吴雪英败诉,由此产生的诉讼费应由街道办承担。①

我国关于公司设立的理论中,普遍承认设立中公司具有相对独立性,有学者认为"其他组织包括合伙企业、设立法人的筹备组织、特定的会议等"。也有学者认为设立中公司相当于法理学上的非法人团体。但是,一般尚不承认设立中公司可以独立承担民事责任。理论上认为,"其他组织,具有民事权利能力和民事行为能力,依法享有民事权利和民事义务,但不能独立承担民事责任的不具备法人资格的组织。"这种观点也为我国的司法实践广泛接受。在前章"银丰集团筹建处一案"(参见[2002]三民初字第22号民事判决书)中,三门峡市中级人民法院一审认为:"因筹建处系三门峡工行设立的不具备法人资格的内设机构,不具有独立承担民事法律责任的能力,故筹建处的上述法律责任由三门峡工行承担。"

上述案件中,合同相对人在公司尚处于设立过程中提起诉讼,无锡市北塘区人民法院一审认定筹建处不具有独立主体资格,遂判决(见[2000]北经初字第259号民事判决,2001年1月8日作出)由发起人承担连带责任。案例3的判决可以概括为:(1)吴雪英与贵都浴场筹建处存在买卖合同关系,该合同合法有效;(2)因筹建处系未经合法成立的企业,不具有独立主体资格,街道办及朱安迁等四人作为贵都浴场的筹建申请人,吴雪英要求街道办承担贵都浴场筹建处的对外民事责任,而不要求朱安迁等四人承担相应的责任,系权利人所享有的选择权,符合法律规定,予以支持;(3)朱鞠平系贵都浴场筹建处的委托代理人,其代理行为应由贵都浴场筹建处承担民事责任。

就上述案例,笔者认为,在民事活动中,为设立中公司而行为的人将承担无限的个人责任。这种规定下的行为人仅仅是设立中公司或者将来

---

① 见[2001]锡经终字第110号民事判决书。

的有限公司的业务执行人或者像业务执行人一样行动的人。发起人的个人责任在下列几种情况下是必要的:(1)设立中公司的业务执行人超越代表权限;(2)缺少业务执行人的时,无权代理人像业务执行人一样行为;(3)若公司一直未完成登记时,则行为人责任将继续存在。

(三)对发起人以个人名义签订的合同,处理规则则较为简单

(1)原则上由发起人个人承担责任。如:我国《关于审理公司纠纷案件若干问题的规定(一)(征求意见稿)》①第5条第1款,"在设立公司过程中,出资人或者发起人以自己的名义与他人签订的合同,应当由其本人承担合同责任"。

(2)若公司继受了该合同,公司要承担责任。如:我国《关于审理公司纠纷案件若干问题的规定(一)(征求意见稿)》第5条第2款,"合同相对人有证据证明,公司成立后已确认承担合同责任,或者已实际享有了上述合同的履约利益,其请求人民法院判令公司和缔约人共同承担合同责任的,人民法院应予支持。"

(3)公司继受合同后,是否免除缔约人的个人责任? 这个问题又回到当事人意图,有证据证明公司免除缔约人个人责任或者有证据证明交易相对人免除发起人个人责任的,应当免除发起人的个人责任。

---

① 资料来源:http://www.chinacourt.org/public.

第七章

设立中公司成员——发起人

Chapter 7

第一节　发起人概述

公司的筹建活动需要由发起人（promoter）来完成,至于什么人可以充任公司的发起人,更多的是依靠商业经验来判断,但是在一个具体的案件中如何判断某人的发起人身份,就需要用法律的标准来衡量。

一、发起人的概念辨析

在英美法系国家,发起人制度略为复杂,在公司设立中相关的人员有"promoter"、"subscriber"、"incorporator"等。一般地,"promoter"通常被译为"发起人"。根据《布莱克法律词典》（Black's Law Dictionary）对"promoter"的界定是："发起人是指从事推动、推进、发动、促进、促成等等活动的人;是指促进某一计划,并希望确保其创办的企业、举办的表演会、创办的事业等等成功的人;是指为他们自己或他人采取初步措施组建一个公司的人。他们为了组建公司的目的先自身合在一起，发行募股书，落实股票的认购，并为公司获得执照（charter）等等。"①另外，美国证券交易委员会（SEC）的 405 规则（Rule 405）中将发起人定义为：发起人是指那些单独或与一人或数人联合，直接或间接地带头组建商事组织或某一发行人企业的人。②

在美国法中，"subscriber"一般被译为"认购人"，也是公司设立中的重要成员。美国法中的认购人和发起人的身份有可能重合，二者的区别在于，认购公司股份者可能是股东，但是发起人强调的是对公司设立的决定性作用。

就"incorporator"来说，我国主要有以下几种译法：

（1）和 promoter 通译。如宋雷主编之《英汉法律用语大辞典》incorporator 条：合并者、社团成员、公司创办人、公司发起人（也称为corporator）；

（2）设立人。"在美国，其发起人制度存在着设立人（incorporator）和创办人（promoter）之区别。美国法上所谓的设立人，是指在其公司设立章程上签名的人。在美国的公司实践中，设立人的主要作用是签署并向州

---

① Bryan A. Garner Editor in chief. BLACKS LAW DICTIONNARY (8 ed,) , p. 1250：

promoter. 1. A person who encourages or incites. 2. A founder or organizer of a corporation or business venture；one who takes the entrepreneurial initiative in founding or organizing a business or enterprise-Formerly also termed projector [Cases：Corporations ,30. C. J. S. Corporation 67.].

"The complete judicial acceptance of the ' promoter ' is a matter of comparatively recent date. In some of the early cases, persons engaged in the formation of a corporation same period, though recognizing the obligations flowing therefrom , d o not give any name to the relation in which such persons stand to the contemplated company . The word promoter ,while undoubtedly employed in common parlance before that time, dose not seem to have been used in any reported decision until after it had been used, and for the purposed of the act defined, in the joint Stock Company Act of 1844. . . . [A] person may be said to be a promoter of a corporation if before its organization, he directly or indirectly solicits subscription to its stock, or assumes to act in its behalf in the purchase of property, or in the securing of its charter, or otherwise assists in its organization. " Manfred W. Ehrich, The Law of Promoters § 1 , at 2—3；§ 13 , at 15 (1916).

② 刘刚仿："英美法系公司发起人的概念、职责和信义义务研究"，载《国际商法论丛》第 2 卷，法律出版社 2000 年版。

务卿递交公司设立章程,缴纳注册费用。经州务卿登记后收取注册证书和注册费单。除此之外,通常他们再无其他作用。"而"创办人是协助设立新公司的人"。①

(3)公司的创办人。"其所从事的工作纯粹是程序上的,他们签署公司章程,为公司登记做准备工作"。②

(4)注册人。"Incorporator 应译为注册人,也就是在公司的注册证书上签字的人。"③

1985 年英国公司法中没有规定"发起人"的确切定义,即使该术语在法典中多处出现。

需要说明的是,在大陆法系国家,公司设立的实体事务和程序事务均由发起人承担,不存在专门的从事设立程序事务的人员。所以大陆法系国家的发起人制度较为单一。在大陆法系国家,关于发起人的概念有形式定义和实质定义两种方式。形式定义是指凡是在公司章程上签名的人即为发起人。实质上的发起人,是指实际参与公司设立或者负责筹办组建公司的人。

德国股份公司法对发起人的界定直观明了,《德国股份公司法》第28条:"确定公司章程的股东为发起人"④。因此,发起人应为在章程上签名、并认购股份之人。我国"台湾地区公司法"第129条规定:"发起人应该以全体的同意订立章程,还要在章程上盖章"。诸如德国股份公司法的这种定义方式被简要概括成"形式定义"。

在我国,对发起人采用实质标准。如《公司法》第80条规定:"股份有限公司发起人承担公司筹办事务。"在我国,负责筹办组建公司的人统称为发起人。通说除了要求发起人满足形式上的要求,即在

---

① 施天涛:《公司法论》,法律出版社 2005 年版,第 120~121 页。
② 李俊清:"设立中有限责任公司法律问题研究",载吴越主编:《私人有限公司的百年论战与世纪重构——中国与欧盟的比较》,法律出版社 2005 年版,第 92 页。
③ 沈四宝:《西方公司法原理》,法律出版社 2006 年版。
④ 贾红梅、郑冲译:《德国股份公司法》,法律出版社 1999 年版,第 12 页、第 15 页。

公司章程上签章外,还为发起人设定了实质上的义务,具体表现为出资。如,发起人"是指按照公司法规定制定公司章程,认购其应认购的股份,承担公司筹办事务,并对公司设立承担责任者。"[①]这种赋予发起人实质义务的定义方式被概括为"实质上的发起人"概念。需要说明的是,我国公司法规定有限责任公司的设立(筹建)事宜直接由未来股东负责,从学理上说,有限责任公司设立时所谓的"股东"实质上充当了发起人的角色,并且将设立阶段的发起人称呼为"股东"并不严谨。[②] 因此,在有限责任公司设立阶段,仍然有发起人或者说是起到发起人功能的人存在。为以下行文的一致和便利,本书均将设立中公司的设立人表述为发起人。

二、发起人的特征

虽然基于发起人是法律规定还是当事人之间的商业判断在两大法系国家间存在差异,但是发起人仍应当具有一些共同的特征。

其一,发起人是首先控制公司事务的人。发起人被视为和董事、股东一样可以控制或者影响公司事务行为。如在英国法中,发起人"与其说是一个法律概念,毋宁说是一个事实问题,取决于特定的具

---

① 王保树:《中国商事法》,人民法院出版社 2001 年版,第 165 页。关于实质上的发起人概念,相似的表述还有:"是指向公司出资或者认购股份,并承担公司筹办事务的创办人",见施天涛:《商法学》,法律出版社 2004 年版,第 157 页。在 2005 年施天涛先生出版的《公司法论》中,对发起人概念做出了修正。认为,无论是形式上的发起人概念,还是实质上的发起人概念,均各有利弊。"有鉴于此,在实务和司法实践中,可能需要从形式和实质两方面来确认发起人的身份,首先应当根据公司章程的记载确定发起人,也就是说,凡是在公司章程上签名的人即可推定为发起人。但是,如果有证据表明有人确实实际参与了公司的发起设立工作,也应当确认其身份。"参见《公司法论》,第 122 页。

② 江平、方流芳:《新编公司法教程》,法律出版社 2003 年版,第 135 页,"有限责任公司只能由发起人发起设立。"同书第 164 页在谈到我国有限责任公司立法需要研究的若干问题时指出:"有限责任公司设立行为的主体是发起人,尽管他在公司成立后通常成为股东,但在设立阶段,并不能被称为股东。发起人的权利义务和责任与股东有相当大的不同。"

体情况。"但是发起人并非随意变动,毫无特征的,"法院倾向于给发起人下一个确切的定义。或许最新的司法判例描述的发起人是这样的:'(发起人)依据既定方案从事设立公司的行为,并为完成目的采取必要的步骤。'发起人并不被要求从事所有的设立公司的行为。以获得股份、信贷资金、取得交易利益或财产利益为主要的工作。"①公司法学者 Pennington 认为发起人应当具备:"发起人和董事、股东一样被视为可以控制或者影响公司事务行为的人。根据时间顺序,首先控制公司事务的人是发起人。正是发起人提出了构建公司的设想,也正是发起人采取了设立公司的必要行为;为公司的成立筹集股份、信贷资本和其他所需的资金来源;发起人安排公司事务从公司订立的合同或者财产出售中获得利润或收入。当上述工作完成后,发起人将公司的控制权移交至公司的董事,但经常地,董事和发起人只是称谓不同而已(即:发起人为公司的首任董事——笔者注)。"②

---

① Pennington's Company Law . Eighth Edition . (2004) Butterworths A Member of the LexisNexis Group. p. 635—636 (. . . and perhaps the nearest judicial approach to a definition is the description of a promoter as one who undertakes to form a company with reference to a given project, and to set it going, and who takes the necessary steps to accomplish that purpose. A promoter need not undertake the whole of the work involved in forming a company, procuring share or loan capital for it and acquiring a business undertaking or assets for it).

② (Robert R . Pennington's Company Law . Eighth Edition . Butterworths A Member of the LexisNexis Group. p. 635—636. The person who may control or influence the conduct of a company's affairs, namely, its promoters, its directors, its members or shareholders acting collectively by passing resolutions, Chronologically, the first persons who control a company's affairs are its promoters, It is they who conceive the idea of forming the company , and it is they who take the necessary steps to incorporate it, to arrange for it to be provided with the share and loan capital and the other financial resources which it needs, and who arrange for the company to acquire the business which the company is to conduct or the property or assets from which it is to derive its profits or income. When these things have been done, the promoters hand over the control of the company to its directors, who are often themselves under a different name.

其二，发起人是以设立公司为目的的人。Steven L. Emanuel 认为[①]："发起人是创设和组建公司的人，一个发起人可以单独创设公司也可以是数人共同组建公司。发起人主要从事如下工作：(1) 筹措设立公司所必需的资本；(2) 筹措必需的财产和雇佣职员，比如和意愿经营公司的人员签署合同；购买或者租赁不动产作为厂房或者办公场所等；(3) 从事设立公司的具有实际意义的行为。因此，发起人不包括那些以专业人员身份参加公司设立活动的人，如律师和会计师。"

三、发起人的人数

就发起人的人数，立法上一般规定了上限，也即设立中公司是一个封闭的团体。对发起人人数的底线限制反映了不同国家对一人公司的态度。目前，承认一人可以设立有限责任公司已成为公司法营业自由主导下的趋势，但是对股份有限公司发起人是否可以为一人仍持相对保守的态度。

我国公司法承认一人有限公司。对一般有限责任公司，要求由 50 个以下股东出资设立。股份有限公司的发起人为 2～200 人，其中须有半数以上的发起人在中国境内有住所。

我国"台湾地区公司法"2001 年修订时，取消了有限公司股东人数的上下限。一人有限公司之一人股东可以为自然人或法人（"台湾地区公司

---

① Who is a "Promoter"：A Promoter is a person who takes initiative in founding and organizing a business and enterprise. See SEC Rule 405. A promoter may act alone or with co-promoters. A promoter's activities typically include the following：

a. arranging for the necessary capital；

b. acquiring any needed assets or personnel(e. g. ，signing a contract with a person who will manage the business；buying or renting real estate for the plant or office，etc.)；

c. and arranging for the actual incorpotration of the business.

When used in its corporation law sense, the term "promoter" does not have any of the negative connotations that surround the popular use of the term.

([U. S. A] Steven L. Emanuel：Corporations. Beijing：CITIC Publishing House. 2003. p. 24)

法"第 2 条 I)。股份有限公司之发起人原则上应有 2 人以上。但一人股份有限公司之股东则仅限为"政府"、法人股东("台湾地区公司法"第 128 条)。

日本《有限公司法》第 8 条规定,股东人数不得超过 50 人,但是在有特别事由的场合,并得到法院认可时,不在此限。

德国有限公司的设立发起人允许为 1 人,"有限责任公司可以依本法的规定,为任何法律上准许的目的,由一人或数人设立。"(《有限责任公司法》第 1 条)①

法国商事公司法允许一人设立有限责任公司(EURL)。有限责任公司是由一人或若干人仅以其出资额为限承担损失而设立的公司(《商事公司法》第 34 条,1994 年修订)。而对一般股份公司而言,要求股东人数不得低于 7 人(《商事公司法》第 73 条,1994 年修订)。② 在 1994 年法国公司法的修订中,增加了"简单小型公司"类型,即"简化的股份有限公司",其发起人只能是商事公司或者民法合伙,最低资本为 25 万法国法郎,各发起人必须足额缴纳自己的出资。关于公司法的最新修订为法国政府于 2004 年 3 月 25 日颁布的关于"简化公司法及公司各种程序"③的法令(2004 年 3 月 25 日第 2004—74 号法令),该法令对法国《商法典》的不少条款进行了重大修改。在法令颁布前,原《商法典》第 223—3 条规定:"有限责任公司的股东人数不得超过 50 人。公司拥有 50 人以上的股东时,应在 2 年的期限内将公司转变为股份有限公司,否则公司解散,但在该期限内股东人数变为等于或低于 50 人的,不在此限。"该条被替换为:"有限责任公司的股东人数不得超过 100 人。如果公司拥有 100 名以上的股东,则应在一年的期限内将公司转型或者解散,但在该期限内股东人数低

---

①　杜景林、卢谌译:《德国股份法·德国有限责任公司法·德国公司改组法·德国参与决定法》,中国政法大学出版社 2000 年版,第 175 页。

②　李萍译:《法国公司法规范》,法律出版社 1999 年版,第 35 页、第 54 页。

③　simplification du droit et des formalités pour les enterprises.

于或者等于 100 人的,不在此限。"①

离岸公司法是非常有特色的一类公司法,因其设立规则简便,吸引了大量的公司。大多数离岸公司法对离岸公司的设立人均采取非常宽松的态度,公司的设立人不要求是当地居民。而且,对投资者没有具体人数要求,如维尔京、开曼、库克都允许设立一人离岸公司。②

总之,对设立中公司成员的立法规定中,对有限责任公司的下限一般为 1 人,对其上限均有限制,但对于具体数额不同国家的规定不一。

第二节 发起人的资格和认定

一、发起人的资格

发起人在公司设立时占有重要的地位,不论确定它的标准是形式标准还是实质标准,抑或是结合二者的综合标准,对发起人认定的最终目的是确定责任的归属。尤其是在公司不能正常成立的情形下,发起人的认定直接关涉到设立责任的分配。但是,对发起人的认定并非单纯的法律问题。什么样的人可以充任公司的发起人?对这个问题的回答随着对公司性质认识的差异,在不同的国家(地区),以及同一国家(地区)公司实践发展的不同阶段,都存在着不同的答案。

设立公司是一种商业行为,拟设立的公司,尤其是股份有限公司,向社会公众募集股份,需要涉及第三人的利益,故和一般民事行为相比,对

---

① 施鹏鹏:"法国有限责任公司立法的最新发展—2004 年第 74 号法令评析",载吴越主编:《私人有限公司的百年论战与世纪重构——中国与欧盟的比较》,法律出版社 2005 年版,第 413 页。

② 张诗伟主编:《离岸公司法理论制度与实务》,法律出版社 2004 年版,第 31 页。离岸公司指的是非当地投资者在离岸法域内,依据其公司法规范而注册成立的有限责任公司或者股份有限公司。"离岸"的含义是指投资者的公司注册在某地,但投资者不用亲临当地,其业务运作可在注册地外的世界各地直接开展。

发起人也有更高的要求。因为发起人可以为自然人,也可以为法人,二者在意思表示和责任承担上有实质区别,并且民法调整二者的法律规则不同,所以在考虑发起人能力时,应当区分自然人和非自然人,分别考虑其能力。

（一）自然人:应取消对其充当发起人资格的限制

就自然人而言,我国公司法没有明确规定他们设立公司的能力限制。大多数学者借助民法通则的规定对自然人作为发起人的资格加以限制。也即发起人必须有完全民事行为能力,无行为能力人和限制行为能力人不得充当公司的发起人。

从学理上看,需要公司发起人具有完全民事行为能力的理由基于但不限于:

其一,避免公司成为家族公司。此为我国台湾地区公司学理界的通说。台湾地区"公司法"(第128条Ⅱ)规定,发起人为自然人时,须有完全行为能力,无行为能力人或限制行为能力人不得为发起人,意在避免公司成为家族公司。① 第3项规定,政府或法人均得为发起人,但法人为发起人者,以公司为限。

其二,承担公司筹备事务的需要。故"自然人充当发起人必须具有完全的行为能力,法人充当发起人须为依法成立且不受法律限制"。②

其三,维护交易安全与明确设立责任归属的需要。即在设立公司过程中,发起人的行为往往直接关系到债权人、认股人以及即将成立的公司的利益,关系到交易安全和经济秩序的稳定。所以对发起人责任的构建是各国公司法关注的重点。③ 正如张开平指出的:"由于发起人要对公司不能成立承担连带责任,所以,无行为能力人或限制行为能力的自然人显

---

① 柯芳枝:《公司法论》,中国政法大学出版社2004年版,第135页。此也为目前台湾地区学者所持的主要反对理由之一。相同理由见王文字:《公司法论》,元照出版有限公司2003年版,第227页。

② 徐燕:《公司法原理》,法律出版社1997年版,第144页。

③ 王保树、崔勤之:《中国公司法原理》,社会科学文献出版社2000年版,第165页。

然不适合作为发起人。"①

我国公司法规定的发起人较多的是筹办公司的义务和责任,似乎可以推导出要求发起人具有完全民事行为能力。我国商事实践中,设立公司时要求发起人(自然人)一般也须具有完全民事行为能力。

但也有学者对现有"自然人作为发起人应当具有完全民事行为能力"的命题加以否定,并对上述几个论据进行了批驳。可资借鉴的理由为:②

其一,监护制度和代理制度的存在可以弥补行为能力欠缺者不能承担公司设立过程中的有关工作,可以使得公司作为团体组织取得法律地位。监护制度和代理制度设计的目的即为保护意思能力欠缺者和维护交易安全,并没有禁止他们去参与民事法律行为。

其二,公司法应当鼓励投资,禁止拥有可投资财产的行为能力欠缺者参与公司设立将会造成社会资源的浪费。蒋大兴先生进一步分析到,"将自然人民事主体划分为完全行为能力人、限制行为能力人和无行为能力人三类是立足于其意思能力的不同,而非财产能力的差异。"法律允许他们投资不必然导致公司的经营障碍,不必然对强调资本充足率的交易市场造成损害,因此不会影响公司的营运能力。"因为,'应当承担责任'与'有无责任能力'是两回事"。

就本书观点而言,设立中公司机关成员不应将不具有民事权利的人排除在外,因为设立中公司机关具有独立性,可以通过表决规则或议事规则来弥补成员的民事权利欠缺的不足,但不能剥夺无民事权利行为能力或限制民事行为能力人成为设立中公司机关成员的资格。是否有资格成为机关成员与是否可以取得有效表决资格不可混同。所以,笔者主张对自然人能否成为设立中公司机关的成员不应做出限制。

---

① 张开平·《公司权利解构》,中国社会科学出版社 1999 年版,第 50 页。
② 赵旭东:《新公司法制度设计》,法律出版社 2005 年版,第 34 页;蒋大兴:《公司法的展开与评判》,法律出版社 2001 年版,第 3~14 页。

（二）团体：成为发起人应当具有法人资格

何种性质的组织有资格充任公司的发起人？对团体的发起人资格一般要求具备两个条件：其一，作为公司发起人的团体应具有权利能力，即作为发起人的组织应为法人；其二，法人充当发起人须为依法成立且不受法律限制。因为只有没有限制的法人才可以自身的名义享有权利和承担义务，比如进入清算阶段的公司，不得再充当公司的发起人。①

为了操作上有章可循，国家工商总局 1998 年公布了《公司登记管理若干问题的规定》，该规定对企业化经营事业单位（第 17 条第 2 款）、职工持股会（第 17 条第 3 款）、农村集体经济组织或村民委员会（第 18 条）、中介机构等非自然人作为公司发起人做出了规定。笔者掌握的北京市工商局的设立登记的规定中②，涉及发起人资格的规定有：党政机关、司法行政部门以及本市党政机关主办的社会团体不得投资举办股份有限公司；本市党政机关所属具有行政管理和执法监督职能的事业单位，以及本市党政机关各部门所办后勤性、保障性经济实体不得投资举办股份有限公司；会计师事务所、审计事务所、资产评估机构、律师事务所不得作为投资主体向其他行业投资设立股份有限公司；基金会不得投资兴办股份有限公司。

和我国学界以及工商实践中将发起人的资格限定为完全意思能力、完全权利能力、完全行为能力、完全责任能力的法人不同，其他国家对发起人资格的限定则要宽泛得多。如德国法中的法人和人合贸易公司拥有不受限制的参与设立有限责任公司的权利，甚至包括设立中公司（联邦最高法院判决 BGHZ 80，129）、无限公司或者有限合伙。按照当今的通说，民法合伙③、继承共同体（Erbgemeinschaft）甚至无行为能力的社团（未注

<hr>

① 赵旭东：《新公司法制度设计》，法律出版社 2005 年版，第 34 页。同样的理由见徐燕：《公司法原理》，法律出版社 1997 年版。

② 下列规定来源于：北京市工商行政管理局公布的"办理股份有限公司登记注册一次性告知单（2004 年第 2 版）"。

③ 高旭军：《德国资合公司法》，法律出版社 2005 年版，第 404 页。

册协会)都可以作为发起人。此外,也可以通过所谓的预备公司,换言之不从事实际经营的公司设立有限公司。① 美国《修正标准商事公司法》第2.01条规定,自然人,合伙组织,本国或外国公司及其他组织可以作为公司发起人。按照美国《德拉华州公司法》最近一次修订的规定,其 ② 关于公司发起人的资格非常宽松:发起人可以是任何个人、合伙、组织或者公司,或者是以上任意的联合体,并且没有人数、国籍、居所、住所地的限制。

在综合上述立法以及我国商事实践出发,笔者在发起人的资格认定问题上,倾向于取消自然人充当发起人应当具有完全民事行为能力的限制,而对团体充任发起人,采取了较为保守的态度,即将发起人资格限定为具有法人资格的主体范围内。

二、发起人的认定

前文一直强调发起人的认定并非法律能独立胜任,但是各国公司法对发起人或多或少都有一些限制。究其缘由,概源于发起人责任的重要性,尤其在公司不能设立之场合,发起人要承担不能设立的法律后果,包括偿还设立中公司的债务、退还股款等等,倘若不能确定何人为发起人,则责任无法追究。鉴于此种考虑,公司法规定了发起人认定的标准,这种标准又可以划分为"形式标准"与"实质标准"。

(一)发起人认定的形式标准

1. 住所。我国《公司法》第79条规定,股份有限公司成立须有半数以上的发起人在中国境内有住所。

---

① 吴越编译:"德国有限责任公司法的学说及实践",载吴越主编:《私人有限公司的百年论战与世纪重构——中国与欧盟的比较》,法律出版社2005年版,第322页。

② § 101. (a): Any person, partnership, association or corporation, singly or jointly with others, and without regard to such person's or entity's residence, domicile or state of incorporation, may incorporate or organize a corporation under this chapter by filing with the Division of Corporations in the Department of State a certificate of incorporation which shall be executed, acknowledged and filed in accordance with § 103 of this title.

2. 资格股份。即发起人必须要认购公司的股份,同时作为设立中公司的出资人并成为公司成立后的股东。我国《公司法》第77条规定,采取发起设立方式设立的,公司全体发起人的首次出资额不得低于注册资本的20%,其余部分由发起人自公司成立之日起两年内缴足;其中,投资公司可以在5年内缴足(第81条);采取募集设立方式的,发起人认购的股份不得少于公司股份总数的35%。

3. 签名。是否在我国章程上签名这是对发起人判断的一个较为一致的外观标准。如,"台湾地区公司法"第129条规定,"发起人应以全体之同意订立章程,签名或者盖章。故凡在章程签名或盖章之人,即为发起人,至于事实上曾否参与公司之设立,则非所问。"①

(二)发起人认定的实质标准

所谓实质标准,是指发起人还应当现实地参与公司的设立,具体从事公司的设立行为。如:订立发起人协议、制定公司的章程、出资、认购股份、验资、设立登记等行为,并且发起人需要对上述行为承担法律责任。发起人是否要实际参与公司的设立行为,还是仅仅以在章程上签章即可认定发起人的身份? 对此问题的解决,大陆法系国家公司法的规定也不尽相同,采"实质说"者有之,采"形式说"者也不在少数,采综合说者要求实质要件和形式要件均具备者亦有之。我国《公司法》第80条规定,发起人需要承担筹办公司的义务,也就是说,仅仅是在章程上签名等形式要件的满足只能成为发起人的充分要件,而非充要条件。不仅要求发起人在公司章程上签名,还要参与公司的筹建工作,并要承担出资等义务。

除去公司法的实质性限制外,发起人认定的实质性标准还与一个国家或地区的经济政策密切相关,它较多地体现为个体特征。比如,根据北京市工商局的要求,以下单位投资资格或投资能力受到限制:企业年度检

---

① 柯芳枝:《公司法论》,中国政法大学出版社2004年版,第134~135页。

验为 B 级的企业不得增设分支机构,不得投资设立股份有限公司;被锁入北京市信用信息系统的"警示信息系统"的市场主体①,在锁入期间其投资资格受到限制;外商投资企业成为股份有限公司股东应当经北京市工商行政管理局审查取得投资资格证明;股份有限公司只能对公司制企业投资,也可以设立分公司。分公司不得对外投资;采取注册资本(金)分期缴付方式的内资企业(不含投资类企业)应在注册资本(金)全部缴清后方可投资设立股份有限公司;以非货币出资登记注册的企业未完成财产转移手续的,不得对外投资,不得设立分支机构;上述规定对股份公司设立中发起人的确定起到了不亚于甚至在操作实践层面更高于公司法的效力。它对在我国实践中存在的一些主体的发起人身份进行了实质性限制。

从上述我国立法、工商行政部门以及学者对发起人认定的各种观点可以得出:

(1)对发起人的判定,公司法虽没有国籍的限制,但在实际操作中,内资企业似应机会平等,对外资企业充任发起人应当有所限制。

(2)一般地,公司可以无障碍充任其他公司设立的发起人,但是即使是在公司中,也应有例外,如:信誉不良的公司、出资不到位的公司等,其发起人身份受到暂时限制。在我国新公司法实行后,允许分期缴纳出资,这些限制更具有实际意义。

(3)对国家机关、工会、基金会、中介组织、分公司、非营利性组织的发起人身份的确认各有不同的规则,或是"原则允许,例外禁止",或是"原则禁止,例外允许",或者"绝对禁止"。

第三节 发起人责任

发起人责任包括发起人对设立中公司的责任;发起人之间的责任;发

---

① 资料来源:www.qyxy.baic.gov.cn.

起人对认股人的责任(虚假陈述);发起人为开业准备所为民事行为产生的先公司合同责任。

一、发起人的个人责任

发起人的个人责任,最开始的缘由是防止发起人利用自己的地位和特权以将来拟成立公司的名义从事行为,并对严重过错行为进行惩罚;之后,追究发起人的个人责任则成为保护债权人的需要。再到后来,这种债权人保护思想又被得到广为承认的设立中公司责任和会员责任所取代。那么,在承认设立中公司独立责任的基础上,发起人是否还要独立承担个人责任?

依据现有的公司法理论,发起人不能完全免除无限责任的风险,除非公司能够顺利成立。发起人意欲创造一个承担有限责任的公司,当然主观上不愿自身陷入无限责任的束缚中。另一方面,发起人又占据了设立中公司的主导地位,享有广泛的特权,如非现金出资的特权,选举公司执行机构的权利,其中最重要的是,发起人可以草拟公司的章程,虽然公司章程最终还需要创立大会(募集设立中)通过,但是实践中,能够有能力否定章程或者对章程提出实质性修改意见的认股人可谓少数。所以,发起人在设立中公司中处于核心地位,以及他可能承担无限责任的风险,导致了发起人和其他主体之间的冲突,这些冲突的解决不是由设立中公司责任可以取代得了的。笔者认为,如果设立中公司一直未能完成登记转变为公司,则行为人责任将继续存在,发起人仍应当承担个人责任。这是在公司设立阶段发起人不可避免的趋利避害性的必然结果。

1. 发起人和设立中公司的冲突

发起人从整体上来看,其地位是设立中公司机关,依据法理,机关的和它代表的团体具有同一性,二者本不应有产生矛盾之处。但细究机关意思的形成和执行,均需机关后面的"人"来完成,个人的趋利避害和有限理性导致机关对代表团体的侵害。

发起人和设立中公司之间形成的信托关系,其原理类似于公司成立后,董事对公司的信托义务。此种信托义务源于19世纪,在一些司法判例中逐渐形成的。"虽然公司发起人在公司成立之前并非是该公司的代理人或受托人,但是,有关代理法或信托法的古老原则已经被拓展,并且是非常适当地被拓展以适用到此种案例中来。判例法已经确立了这样的规则即公司发起人必须就其在公司发起中所取得的秘密利益的说明义务那样。"①

2.发起人和潜在债权人的冲突

公司的常态为资产的联合体,公司资产的形成包括公司内部的融资,设立阶段即为发起人的出资和外部的融资,即由债权人提供授信。在公司形态中,发起人在公司设立时,希望出资越少越好,因为这样可以便捷设立,并可防止资金的积压。但是对债权人来说,希望公司的资金越多越好,起码在心理上可以起到担保作用。所以公司内部融资和外部融资的希求互为逆向。为了满足公司法规定的最低资本额,虽然现行公司法将最低资本额的数额大大降低,但是仍不能排除发起人在设立阶段虚假出资、抽逃出资情况的发生。这样对公司成立后的债权人而言是非常不利的。从立法者的角度来看,公司的制度设计,包括设立规则的设计均是为了解决处于利益两端的股东和债权人的利益平衡,不同的设立规则包含了立法者对上述冲突的价值判断和利益衡量。

3.发起人和成立后公司的潜在冲突

和"股东——债权人"处于利益的两端而对公司资产存有相反需求不同,发起人和待成立的公司并不存在激烈的利益对抗,相反,发起人一般为成立后公司的首批股东,从这个意义上说,发起人和设立中公司的目的是一致的,那就是简便迅捷融资以促成公司顺利成立。但是,人(包括自

---

① 张民安:《公司法上的利益平衡》,北京大学出版社2003年版,第38页。

然人、法人中的代表人或者决策者）的趋利避害心理和经济人的有限理性向我们揭示了一种可能，那就是发起人在设立公司时有可能作出损害潜在公司利益的行为，而且有限责任制度使得这种可能性的概率大大增强。这种潜在冲突可能存在于但不限于：（1）发起人为自己的私利损害潜在公司的利益，如发起人和设立中公司的交易行为；（2）发起人为公司利益而签订的民事合同导致成立后公司负担增加。

第一种情形下，股东为公司最终财产所有人，享有公司财产的分配请求权等多项代表所有人身份的权利，依此推断，股东，包括其前身发起人和公司的需求一致不应产生冲突，但是发起人和股东身份的一致性，他也不可避免的和股东一样存在内部机会主义倾向。体现在设立阶段，发起人有获得秘密利益的动机，在此种动机的指引下，发起人获得秘密利益的行为方式也多种多样。如，通过制定交易规则，设定交易条件，以及设立中公司的自我交易，借口设立需要将无关费用转嫁给公司。

二、发起人的违约责任

设立公司时，发起人最基本的行为即为出资。所谓"出资义务"是指发起人应当依照发起人协议足额缴纳各自所认缴的出资额。我国公司法虽大幅度降低设立时的法定最低资本，但仍规定发起人分期缴纳认购的出资额。因此"出资义务是发起人在设立阶段的基本义务这一命题"仍然成立。如果发起人未按规定缴纳所认缴的出资，即构成出资违约。对公司设立中发起人出资违约的探讨，公司法侧重于发起人的民事责任，民法侧重于出资协议的履行。和一般的双务有偿合同适用合同相对性原理不同，虽发起人协议也被视为双务有偿协议，但此时公司能否取得法人资格尚为未知，且发起人在签订设立协议时具有极大的控制力，加之公司的有限责任原理及公司组织的团体性，故发起人出资违约的形态及其后果具有特殊性。

（一）发起人出资违约形态

我国合同法构筑违约责任法体系，总体上属于"救济进路"，但对违约形态的研究绝非不重要。合同法中的违约形态一般划分为：迟延履行、拒绝履行、不完全履行等。[1] 上述违约形态在设立中公司出资交付中均有可能发生。

其一，完全不履行（或称拒绝履行）。是指设立人在出资协议订立后又表示拒绝出资或已给付后又撤回出资的行为。需注意的是，这种表示可以是明示的，也可以是默示的。

其二，不适当履行。即设立人虽然出资，但不符合出资协议的本旨，如在货币出资情形下的出资金额不足，或者非货币出资的实物存有瑕疵，如品种、规格、型号等不符合规定；如以不动产出资，该不动产上又设有权利负担等。

其三，迟延履行。即未按规定的期限缴纳首期出资。

其四，不能履行。因客观条件变化丧失履约能力，如用以出资的房屋毁灭，或用以出资的知识产权权利证书被撤销或被宣告无效等。

有学者借鉴我国合同法以"不履行合同义务或者履行合同义务不符合约定"构筑违约责任体系的模式，将股东违反出资义务区分为出资义务不履行和不适当履行两种情形，前者指股东完全不履行出资义务，如：拒绝出资、不能出资、虚假出资、抽逃出资等；后者包括迟延出资、不完全出资、瑕疵给付和出资不实（同时，将出资不实视为不完全出资的一种特殊形式）等情形。[2]

（二）违约责任的双重性

公司设立阶段，发起人的出资既是基于设立协议，即是发起人与设立中公司所缔结的以加入公司为目的的入社契约。同时，它又是公司法规定的法定义务。而对于认股人来说，认购公司股份无疑是一项契约行为。

---

[1]　崔建远：《合同法》，法律出版社2003年版，第223～224页。

[2]　冯果："论公司股东与发起人的出资责任"，载《法学评论》1999年第3期。

那么，发起人和设立中公司是否存有出资契约？笔者认为，发起人作为设立中公司的成员，在我国采纳发起人认定实质标准的现有立法框架内，出资是其法定义务，因此，发起人出资违约会导致两种不同的责任。其一，对设立中公司而言，应当承担违反出资义务的责任；其二，对其他足额出资的股东而言，出资违约的股东应当承担违约责任。

具体而言，发起人对设立中公司承担的责任方式为：

其一，由设立中公司行使失权程序。在设立阶段，如果发起人拒绝出资，可以由设立中公司机关宣告该人丧失权利。这项权利相当于设立中公司享有的单方面解除认股协议。但对于不完全履行与迟延履行，违约的出资人似并不因此当然丧失设立人资格。可以采用其他变通手段，如经全体设立人同意可免除其尚未履行的出资义务，从而相应减少其认股份额。对于迟延履行，可以采用给予一定的宽限期的补救方式，但迟延出资人须赔偿他人因此而遭受的利息损失。现有公司法一般对公司成立后股东的失权程序有规定。如德国《有限责任公司法》(1892 年通过，1998年修改)第 21 条规定："(1)在迟延支付的情形下，可以对迟延支付的股东再次颁发一项警戒性催告，督促其在一个待定的宽限期限内履行支付，否则即将其连同应当支付的股份一并除名。催告以挂号信发出，宽限期必须至少为一个月。(2)如果期限届满仍未支付，迟延支付的股东必须声明其股份和已缴之部分支付款不再为其所有而是为公司所有，声明以挂号信发出。"德国股份公司法(1965 年通过，1998 年修改)第 64 条第 1 款规定，对没有及时交付所要求的款项的股东，可以确定一个有警告的延长期限，期满后将宣布他们不再拥有股票和支付款项。①

笔者认为，设立阶段对发起人迟延履行，可以参照成立后公司的做法，在设立协议中规范。

其二，继续履行。设立中公司可以要求没有履行出资义务但是有履

---

① 贾红梅、郑冲译：《德国股份公司法》，法律出版社 1999 年版，第 34 页、第 228 页。

约可能的设立人继续履行。这和民法违约责任的承担是一致的。

其三,定金罚则。

其四,赔偿责任。德国《有限责任公司法》第21条第3款规定,公司就滞纳的款项或以后就股份追索的出资数额受到损失时,被除名的股东仍应对损失负责。

发起人对其他股东的违约责任,按照设立协议规定的责任承担执行。此处的违约责任也应当是严格责任。

三、发起人的替代责任

一个发起人签订的合同,或者在设立阶段支出的费用,是否由其他发起人承担? Pennington认为是否承担其他发起人的合同责任,须由明示协议来确定。"在非明示协议中,不负合同连带责任或者转承责任(笔者注:亦可翻译为替代责任),即使合同是由其他发起人为设立公司的目的而订立的。同样,他也不会因为该合同取得财产利益或者事务利益,也不必定从事某项已经得到的事务直到公司拟采纳它为止。同样的原因,发起人并不必定负担其他发起人为设立公司产生的费用,除非他明示同意分担。"①虽然发起人之间不对其他发起人的合同承担替代责任,但是此种责任需要由设立中公司承担。

---

① Pennington's Company Law . Eighth Edition . Butterworths A Member of the LexisNexis Group. p. 635—636.

Promoters of a company are not partners, and so in the absence of express agreement, they are not jointly or vicariously liable upon contracts made by one or more of their number for the purpose of forming the company, or acquiring any property or business for it, or carrying on a business already acquired until the company is ready to take it over. For the same reason promoters are not bound to contribute towards the expenses incurred by any one or more of their number for the purpose of forming the company, unless they expressly agree to share such expenses.

四、发起人对设立中公司的责任

发起人只对设立中公司承担内部责任,这样处理一个非常明显的便利之处在于将发起人责任和公司成立后股东的有限责任衔接。避免出现公司股东承担有限责任,但是其前身需要承担无限责任的矛盾。德国新近的司法实践采纳了会员的无限的内部责任之统一制度。其后果就是,"发起人——会员只对设立中公司承担责任,而对债务人不直接承担责任。换句话说,如果债权人对设立中公司享有权利,也只有在设立中公司对会员也享有权利的同时,债权人才能间接地对会员主张权利。"①

五、发起人对债权人的责任

如前所述,发起人仅为设立中公司机关的成员,应由机关对债权人承担责任,原则上债权人无权直接追索发起人,也就是发起人不直接对债权人承担责任。在设立中公司出现下述情形时,其成员应当对债权人直接承担责任。

(一)设立中公司破产时责任的承担②

设立中公司可以以自己的名义从事设立的必要的行为,并可以以自己的名义从事开业准备行为,所以在设立登记前完全可能出现"偿债不能"的情况,再加之发起人没有按照设立协议出资导致设立中公司资产虚

---

① 德国法中的判例确认的会员个人以出资义务为限承担责任,其依据是会员有共同出资的义务。同时,也与作为设立中公司机构的义务执行人的责任范围划清了界限。因此,第三人不能向设立中公司的会员主张超出上述范围的责任。但是,它遭到了如下反驳意见:(1)对代表权的责任范围限定在一定的财产价值之内值得商榷;(2)这种责任限制也与公司登记之后会员承担的无限的公司财产被预先设立负担所导致的责任的规定相冲突。见吴越主编:《私人公司的百年论战和世纪重构——中国与欧盟的比较》,第 334~335 页。

② 此处"破产"特指资不抵债的含义,和我国破产法要求全民所有制法人的规定颇为不同。

化,使得设立中公司"偿债不能"的可能性加大。我国公司法对此情形没有规定,但此时债权人仍有公平受偿的权利。由于此时设立中公司已经不存在,所以,本文认为,应当由发起人承担无限的个人责任。

(二)破产企业设立人出资违约

第一,分情况区别适用法人人格否认。

我国《公司法》第20条第3款规定了法人格否认,即"公司股东滥用公司法人独立地位和股东有限责任,逃避债务,严重损害公司债权人利益的,应当对公司债务承担连带责任"。该规定是针对成立后公司股东而言,就发起人虚假出资是否否认法人资格,最高人民法院复[1994]4号文件作出的《关于企业开办的其他企业被撤销或者歇业后民事责任承担问题的批复》中规定:"企业开办的其他企业已经领取了企业法人营业执照,其实际投入的自有资金虽与注册资金不符,但达到了《中华人民共和国企业法人登记管理条例实施细则》第15条第7项或其他有关法规规定的数额,并且具备了企业法人其他条件的,应当认定其具备法人资格,以其财产独立承担民事责任。但如果该企业被撤销或者歇业后,其财产不足以清偿债务的,开办企业应当在该企业实际投入的自有资金与注册资金差额范围内承担民事责任。""企业开办的其他企业虽然领取了企业法人营业执照,但实际没有投入自有资金,或者投入的自有资金达不到《中华人民共和国企业法人登记管理条例实施细则》第15条第7项或其他有关法规规定的数额,以及不具备企业法人其他条件的,应当认定其不具备法人资格,其民事责任由开办该企业的企业法人承担。"上述批复为人民法院在司法审判中对此类企业是否否认其法人资格的否认原则提供了法律依据。

如果设立人出资不到位,但是公司自筹注册资金,现在公司破产。此时,设立人是否要承担该公司的债务责任?法院的观点是这种情况仍然归于设立人虚假出资,仍应当由设立人承担出资不到位的责任。①

第二,设立人对各自出资的不足部分承担连带充实责任。公司制企业法人则不同,根据公司法规定,公司注册资本充实责任是连带责任,全体公司设立者中的任何一人对资本不足的事实均负全部充实责任。

(三)设立失败

设立失败是指公司未能够完成设立行为的情形。如因投资环境发生变化、公司设立瑕疵导致登记机关未予以登记。

我国《公司法》第95条规定了公司不能成立时,股份有限公司的发起人应当承担下列责任:对设立行为所产生的债务和费用负连带责任;对认股人已缴纳的股款,负返还股款并加算银行同期存款利息的连带责任。至于以设立中公司名义与第三人签订的民事合同,公司法理论和实践一般承认了设立中公司签订的民事合同的有效性,在公司成立时,民事责任由公司承继。但是在公司设立失败时,设立中公司消灭,拟成立的公司不能取得法人资格,此时为避免民事责任无人承担,保持合同的有效性,规定了发起人对债权人的责任。其理由在于发起人负有担保公司成立的责任。

六、发起人对认股人的责任

公司不能成立时发起人应对认股人负连带返还责任。发起人和认股

---

① 关于该种情况下设立人责任的承担,可参阅"中国银行永安支行诉中国人民保险公司永安市支公司等设立企业时出资不到位虽企业自筹足注册资金仍应承担投资不到位的责任案"。见最高人民法院,中国应用法学研究所编:《人民法院案例选》2001年第4辑(总第38辑)。相关的案情简要为:1993年3月18日,原中国人民保险公司永安市支公司(下称原人保公司)申请设立永安市人民保险装饰装修工程公司(下称人民保险装修公司),但该装修公司设立时的注册资金30万系由公司自行筹集,原人保公司作为投资人,未按工商登记和企业章程规定的数额出资,其应投入的注册资金25万元未到位。公司成立后,原人保公司亦未能补足投资。后该装修公司与外签订借款合同,并于诉讼过程中,该装修公司被吊销营业执照。法院认定,原人保公司作为开办单位和投资人,在人民保险装修公司设立时未投入注册资金,出资不到位,应在以旺中旺公司的财产不足清偿债务时,在出资不到位的25万元范围内承担清偿的民事责任。

人在公司成立后,均为公司的股东,但是发起人由于承担公司筹备事务,在设立阶段具有认股人不具备的特殊权利,其中制定招股说明书,确定认股计划事项,可谓对认股人影响甚巨。如,《证券法》第12条规定了设立股份有限公司公开发行股票需要报送的募股申请和下列文件:公司章程;发起人协议;发起人姓名或者名称;发起人认购的股份数、出资种类及验资证明;招股说明书;代收股款银行的名称及地址;承销机构名称及有关的协议。这些文件均由发起人制作,认股人相比而言处于被动地位,

和认股人相比,发起人居于主导地位。设立中公司机关如存在遗漏重大信息或隐瞒等募股欺诈行为,需要承担责任。《证券法》第69条对上市公司募股过程中的持续信息公开的规定,即"发行人、上市公司公告的招股说明书、公司债券募集办法、财务会计报告、上市报告文件、年度报告、中期报告、临时报告以及其他信息披露资料,有虚假记载、误导性陈述或者重大遗漏,致使投资者在证券交易中遭受损失的,发行人、上市公司应当承担赔偿责任;发行人、上市公司的董事、监事、高级管理人员和其他直接责任人员以及保荐人、承销的证券公司,应当与发行人、上市公司承担连带赔偿责任,但是能够证明自己没有过错的除外;发行人、上市公司的控股股东、实际控制人有过错的,应当与发行人、上市公司承担连带赔偿责任"。此规定可供公司设立阶段募集股份借鉴。

另外,认股人认购股份的行为性质上是认股人与设立中公司的合同,不具有像发起人协议具有入社契约的效力。此点也为我国合同法所承认,如合同法规定,招股说明书性质为要约邀请,将其归入合同法的调整对象。但这种合同却因为创设公司而和一般等价有偿合同存有差异,在公司设立失败时,其合同责任一般规定由发起人承担。对发起人承担连带责任的理由,可从发起人和认股人的关系入手,发起人具有担保公司能够成立的责任。也就是说,发起人在公司设立阶段所从事的设立行为,并非完全为了自己之私利,而是为了将要设立一个民事主体,发起人在设立阶段所谓行为的性质是"为第三人利益"的行为。认股人和发起人之间为

担保关系,是为基于认股协议的默示担保,即发起人担保公司按期成立。所以,在公司无法设立之时,由发起人对认股人承担赔偿责任。① 再者,发起人的连带责任源于发起人的双重身份,既是履行设立协议的履约行为,又是法定的公司机关行为。基于前者,发起人对设立中的债务和费用承担连带责任,基于法定义务,发起人要对其他认股人承担补偿责任。

---

① 另一种理由认为,公司不能成立时,设立中公司即消灭,并且这种消灭具有溯及效力。由于设立中公司溯及的消灭,发起人合伙即成为一切法律关系的主体,得由发起人承担设立过程中的债务及费用等。但本文不主张设立中公司自始消灭的观点。

第八章

设立中公司的财产筹集和
章程订立

Chapter 8

设立中公司需三要素:人、物、法律协议。作为其中之一的"物",用更规范的语言来说,即为公司的初始资本,它同时又是设立中公司可以供自己支配的独立财产,也是设立中公司承担责任的财产基础。我国现行公司法虽然目前仍为法定资本制,即公司的注册资本为股东认购的资本总额,但一反过去固守"严格法定资本制"的强硬态度,开始在立法中承认公司设立时多种出资方式并存、降低最低注册资本,并且允许分期缴纳出资。这为设立中公司规则的设计提出了新的课题。虽然,公司章程并非约束设立中公司的文件,设立中公司以发起人之间的协议(书面形式或是口头形式)为基础。但是就设立中公司的行为而言,订立章程是必要行为。所以大陆法系公司法中章程属于公司设立三要素之一"行为"的复合要件。① 本章在前文设立中公司机关和成员,也就是讨论了"人"的要素之后,就其余两个要素财产规则和章程规则进行分析。

---

① 郑玉波先生认为,公司章程乃是"行为"的要件。概言之,设立公司须有设立行为,设立行为以章程表现之,无论何种公司之设立,均须订立章程,而章程又须以书面订立,并有一定之款式,故公司设立之行为属于一种要式行为。郑玉波:《公司法》,台北三民书局 1980 年版,第 121 页。

第一节　我国公司资本制度的改革

一、资本及其相关概念

发起人的一项法定义务即为向设立中公司出资,这既构成公司的初始资本,也构成设立中公司的自有财产,成为设立中公司可以独立支配的财产。在公司法中,虽然在立法上确有"法定最低资本额"的表述,在学理上存有"法定资本制"、"折中资本制"、"授权资本制"等资本制度的分类,但却没有对"资本"抽象出它的内涵与外延。一般地,学者在解释公司资本时,采用的是一种描述性的方式:(1)公司资本不受具体财产形式的影响,资本即为资本金数额;(2)公司资本是股东的出资额总和;(3)公司资本是一个抽象的数额,由公司的章程规定,一经确定,则必须通过法定程序。也就是说,公司资本是公司成立时章程规定的,由股东出资构成的财产总额。

1. 资本和注册资本

在不同的资本制度下,注册资本和公司资本的关系不同。如法定资本制度强调资本实收或者实缴,公司成立时股东必须足额缴纳认购的出资,此时,公司资本在数额上等于注册资本;授权资本制度和折中资本制度下,注册资本是名义资本,它是初始章程中载明公司资本额。在公司设立时,发起人只需要认缴资本总额中的一部分,其余部分则授权董事会根据需要随时发行。此时,公司的注册资本和公司资本在数额上不一致。

2. 资本与资产

资产有总资产与净资产(net worth)之分,前者是净资产与负债之和,即所有者的投入和债权人融资的总和;后者指所有者权益。所有者权益和资产的关系可以以"资产 = 负债 + 所有者权益"来反映。公司经营存续的时间与"资产——资本"的差额有一定相关性,公司运营时间越长,资产与资本脱节的可能性就越大。如公司的借贷融资,经营性盈亏,盈余公积金、未分配利润变化等,均会导致资产和资本的数额有异。

二、我国公司资本制度的改革

在我国公司法传统理念中,视公司资本的多寡为公司信用的保障,赋予公司资本一般担保功能,将公司的资本视为对公司的债权人具有预测债权保障界限的功能。在此指导思想下,我国公司立法上曾采取了严格的法定资本制,规定了较高的法定资本最低限额和法定的出资形式。在公司法修订过程中,学者重新审视了资本的功能,对资本担保功能的理念加以否定。[①] 在对资本功能的重新认识的基础上,法定资本制及其组成部分资本三原则面临质疑,我国公司法改革便将这一理念体现在立法中。公司法修订后,我国的资本制度发生了非常显著且缓和的变化,但从性质上说仍然属于法定资本制。即公司资本总额必须在公司章程中载明,并公示;资本一次发行完毕并全部认足。在这项资本制度中,不存在"授权"未来发行股份的空间。[②] 需要注意的是,缴纳股款的方式,到底是一次缴清,还是分期缴清,并非区别法定资本制和授权资本制的标准。资本制度还体现在下述方面:出资形式更加宽泛、允许分期缴纳出资、降低法定最低资本数额等。这些变化也成为设立中公司从事筹集资本行为的基础和指引方向。

---

① 赵旭东:"从资本信用到资产信用",载《中国法学》;傅穹:《重思公司资本制原理》,法律出版社 2004 年版,第 89 页。

② 傅穹:《重思公司资本制原理》,法律出版社 2004 年版,第 62 页。傅穹博士认为,这种界定方法只顾及了公司设立阶段,未免有些狭窄,他认为,"换言之,凡公司设立之际,有法定的声明资本要求与限制,且在分配或回购之际,以声明资本为底线要求的制度,即为法定资本制。"本文同意傅穹博士的观点,但就本文主旨即为设立中公司的资本筹集行为而言,只涉及资本的形成,尚未涉及公司成立后资本的变化,所以仍然采用大陆法系的通说也无不妥。

第二节　设立中公司的财产筹集规则

一、筹资底线与最低注册资本

就设立中公司的筹资规则而言,最低资本制度是公司设立的必要强制性条件。我国原公司法高额的注册资本被强烈批判,在理念的交锋中,我国现行公司法大幅降低了法定最低资本的数额:有限责任公司注册资本的最低限额为人民币3万元,一人有限公司最低资本为10万元;股份有限公司注册资本的最低限额为人民币500万元。(法律、行政法规对有限责任公司注册资本的最低限额有较高规定的,从其规定)

在《公司法》修改讨论过程中,对最低注册资本的讨论可以称为最为激烈的问题。在全球化公司法规则的修订过程中有两种趋势值得我们注意:一是在规定有高额最低注册资本额的国家,公司法的主流理论是降低最低甚至取消私人公司(有限公司)最低资本额的规定。二是与前者形成鲜明对比的是,在目前没有规定最低注册资本的国家,反而有一种强烈的声音要求设定公司的最低资本额,这以英国为典型。

在反对最低注册资本的观点中,我们应关注:

1.静态资本无以消弭有限责任的负外部性。有限责任制度通常被认为,一是强烈地刺激了股东投资,二是极大地削弱了对公司债权人的保护。而"传统所有权价值化之演化,现代债权已成为支配社会方方面面利益的表现所在。如:利益应受保护,以债权为代表的利益,已成为现代受偿的法律保障。社会一切秩序的基础所在"。① 对处于利益两端的股东和债权人而言,基于有限责任,虽然对不同类债权人的保护力度不同,但是法律只有找到在股东和债权人之间的利益平衡点才为优良公司法的理念之根本。基于控制有限责任负外部性之目的,公司法设计了维持资本真实性、稳定性的一系列规则,而设立时最低资本的设计则是公司资本规则群的起始。但是,最低资本额这种功能定位颇受指责。在"公司以何为信?""公司以何对外担保?"的一次次追问中,我国的公司资本制度受到了极大的质疑,当然包括公司设立时的最低注册资本额。在"公司资产信用"②取代公司资本信用命题下,传统的公司最低注册资本的功能受到挑战。"在资本信用之下,公司的最低责任能力不再取决于其最低资本额,资本不再背负公司信用基础的功能,不再赋予资本以债权担保的使命,它主要是作为公司自身经营的物质手段交由公司的股东自行判断和决定,因而,公司法大可不必对其设定过高的条件,甚至最终彻底放弃最低资本额制度也并无不可"。③

2. 国际范围内公司设立规则竞争的压力。公司法的国际竞争压力已经在前文提及。一个可以运用低廉成本设立公司的法律非常有竞争力,而高额的法定资本最低额无疑是和这一缓和趋势相背离的。

3. 高额的法定初始资本是以法律限制取代了商业判断。这无疑是"为民做主"思想在立法上的反映,法律为债权人预设了事先防范机制,即寄希望于通过资本达到担保之目的。

和上述强烈建议取消强制性法定最低资本的学理主张有差异的是,在公司立法中,规定公司设立时需要最低资本额的国家仍占大多数,完全

① 公司法中基于股东有限责任而对债权分类,特别注重的是债权人因股东有限责任而面临的主动或被动之状态。一般基于公司契约之债,在公司法中被称为主动债权人,公司侵权之债的债权人被称为被动债权人,基于公司社会责任的社会债权人或称为法定债权人。三种债权人基于股东有限责任而受到的影响程度不同,很多学者认为应区分债权人不同而给予不同的或相应调整之适用。虞政平主编:《英国公司法汇编》,法律出版社 2000 年版,第 197～201 页。

② 本书从微观层面上埋解公司的资本信用,是不包括资产信用的资本信用。

③ 赵旭东等著:《公司资本制度改革研究》,法律出版社 2004 年版,第 22～39 页。

取消最低资本限制的也只是以英国(限于私人公司法)为代表。并且即使在英国,也有非常强烈的要求重新规定私人公司最低注册资本的声音。这些理由对于我们理解最低资本存在也有着启发作用,和反对它的理由一样不容忽视。

1. 威慑的作用。这是一种非常有代表性的观点,即,最低资本额可以威慑不严肃的投资者。也就是,最低资本额可以防止股东滥用公司人格和股东有限责任。通过法定最低资本额的限制,使公司保有最低的资本信用。英国现有的规范公司设立最低资本模式为:公开公司保留强制性最低资本额,闭锁公司取消最低资本额。但是,当前英国公司法学理的态度渐趋保守。在德国,这种主张也有很多支持者。在德国公司法学者看来,严格的设立规则,包括设立时最低资本的要求是非常必要的。这些规则不仅应该保证所有参与企业设立的股东以及未来的股东从一开始就拥有一个健康、没有任何瑕疵的企业;而且应该保证公司能够收缴到章程规定的基本指标数额,并且能够真实而且有效地收缴已经催交的股金,这些都是必要的保护措施。[1]

2. 基于习惯。德国公司法固守最低资本制。其股份公司和有限公司均实行原始资本缴纳和维持原则(Grundsatz der Aufbringung und Erhaltung des Stammkapitals)。如在公司进行商事登记之前都必须缴纳一部分出资,即最低限度的出资。有学者分析到,德国公司法的制定时期为资本主义形成期。当时,19世纪中叶经济的复苏,为集中单个资本实现巨大资本积聚采用了股份公司制度。与此相关联,当时建立起来的银行通过股份认购、施予信用等展开积极的金融创业,直接促进企业的发展。股份公司隶属于银行资本的形式,从而构成了债权人保护的理论内核。[2] 在债权人强大的势力压迫下,德国公司法呈现出明显的事前防范的心态,一旦形成便成为固有定律。德国 Kohl 教授认为,德国的法定资本已经深深地根植

---

① 高旭军:《德国资合公司法》,法律出版社 2005 年版,第 86 页。
② 〔日〕志村治美著:《现物出资研究》,于敏译,法律出版社 2001 年版,第 110~111 页。

于德国法律思维之中,这种改变是极为困难的。①

从以上的观念冲突和对主要国家设立时最低资本的规定我们可以初步得出一个结论,那就是,抛开公司资本对公司债权人担保这一思路,在公司设立时,确定最低资本额还是非常有必要的,在设立阶段要保留最低资本额的最有力的功能,可以归结为其具有一定的威慑性,可以防止不严肃的设立公司的行为。并且从本文构建独立的设立中公司来看,一定的自有财产构成设立中公司承担责任的前提。

二、出资标的物的选择规则

我国公司法就有限责任公司和股份有限公司规定了相同的出资方式。出资标的物包括:(1)货币;(2)实物;(3)知识产权;(4)土地使用权;(5)其他可以用货币估价并可以依法转让的非货币财产作价出资。但是,法律、行政法规规定不得作为出资的财产除外。

公司法就出资标的物范围扩大,并采用了概括的立法技术,即"凡是可以用货币估价并可以依法转让的非货币财产"均可以作价出资。这就涉及对出资标的物适格性的判断,这也是设立中公司在筹集资本时需要关注的。

1.非货币出资的适格性探讨

投资人在设立时向公司出资,以放弃自己对某项财产的所有权换取股东权,由此推导,出资标的应为财产,否则公司的独立的法人财产权便不能形成。此点似无疑义,问题是何谓"财产"?关于财产的演变历史不是本文的重点,此不再一一赘述。为使得经济学上的财产转化为法律认可的公司设立时的出资形式,大陆法系学者设计了非货币出资的适格性标准,即为我国目前研究所借鉴的"四要件"或"五要件"说。学者意图抽

---

① 吴越主编:《私人公司的百年论战和世纪重构——中国与欧盟的比较》,序言,法律出版社2005年版。

象出公司出资形式应当具有的共同本质,进而概括出普适性标准。

出资标的适格性标准总结了四要件说、五要件说。"四要件"指确定性、现存性、价值评估的可能性、独立转让的可能性。

确定性,是指用于出资的标的物必须是客观明确的,且需加以记载,不得随意变更。

现存性,标的物交付时即已经存在且为出资者所有。按照此标准的要求,未来物、附条件或附期限规定的现物出资不应予以认可。

价值评估的可能性,也有学者将其称为可兑现性。即出资标的物能够为货币表示。此标准成为否定"信用和劳务出资"的一个重要原因。

独立转让的可能性,即出资人应对该出资物享有独立支配的权利。此标准排除了限制转让物作为出资标的适格性。①

"五要件"除包括上述四种要素外,增加"公司目的框架内的收益力",②这和我国公司法中表达的"有益性"同。③ 我国学者在公司出资标的的适格性标准上虽提出核心标准二要件:其一,具有确定的价值;其二,可以自由转让④等,但实质上并无对上述"四要件""五要件"的突破。

在对上述学者观点综合的基础上,公司法采纳了三要件说,即作为出资的非货币财产应当满足:价值性、可转让性、合法性三个条件。

2. 出资财产的选择

在"既定标准"的指引下,可以作为出资的财产包括但不限于:

(1)货币;

(2)实物,包括房屋、车辆、设备、原材料等;

(3)知识产权。我国公司法规定知识产权可以作为出资标的。狭义的知识产权包括专利权、商标权、著作权。民法通则规定的知识产权为:

---

① 冯果:"股东现物出资若干问题研究",载《中国法学》1999年第6期。
② 志村治美著:《现物出资研究》,于敏译,法律出版社2001年版,第134页。
③ 蒋大兴:《公司法的展开与评判——方法·判例·制度》,法律出版社2001年版,第44～46页。
④ 周友苏、沈柯:"股权出资问题研究",载《现代法学》2005年第1期。

著作权、专利权、商标权、发现权、发明权以及其他科技成果权。对于外商投资的有限公司,根据《中外合资企业法实施条例》第 28 条的规定,作为外国合营者(即外国股东)出资的工业产权或专有技术,必须符合下列条件之一:①能生产中国急需的新产品或出口适销产品的;②能显著改进现有产品的性能、质量、提高生产效率的;③能显著节约原材料、燃料、动力的;

(4)非专利技术。亦称专有技术,是指尚未公开和取得工业产权法律保护的制造某种产品或者应用某项工艺以及设计、工艺流程、配方、质量控制和管理方面的技术知识;

(5)土地使用权。依据现行法律的规定,只有以出让方式获得的国有土地使用权可以出资。以集体所有的土地对外投资,则必须首先将集体土地通过国家征收的途径变为国有土地,再以出让方式获得国有土地的使用权;另外,用于出资的土地使用权应是未设权利负担的土地使用权;

(6)股权。股权是股东基于其出资行为而享有的从公司获取经济利益和参与公司经营管理的各项权利的总称。① 鉴于股权的不同类型,应当区别是否能够作为出资标的。比照我国公司法的规定,上市公司的流通股价值可确定并可自由转让,作为出资物没有疑问,但发起设立的股份有限公司和有限责任公司股权的转让受到一定限制,不能自由转让,故不宜作为出资标的;

(7)债权。只要可以用货币估价并依法可以转让的债权,就可以作为出资财产。债权出资本质上属于债权让与或债权转让,取得的对价是公司的股权;

(8)人力资本。人力资本是和传统的物力资本相对的一个概念。有学者从资本的功能(资本的运营功能和担保功能)的角度出发,认为:"人力资本也完全具备了股本的属性,是一种公司法意义上的资本。"因此,人

---

① 范健、蒋大兴:《公司法论》(上卷),南京大学出版社 1997 年版,第 364 页。

力资本可以作为公司出资的标的。同时,人力资本出资本身的局限性,即人力资本评估困难,其价值通常只能在使用过程中通过对其绩效的评价加以确定。所以,可以采取事后补救的方式。如采取强制评估、评估因素法定、令人力资本出资者承担附条件的有限责任等,在采取相应补救措施后,人力资本可以作为出资标的。

三、一人公司筹资严格

在设立一人公司时,尤其强调资本的实际缴纳和资本维持,这也是承认一人公司国家的通常做法。如《列支敦士顿法》第639条对投资人的出资责任做出了规定:"一人公司之发起人,必须由其自负全部出资责任及遵守有关选择法人形式之相关规定,实物出资之价值依鉴定人之评定价格而定。公司章程所记载资本总额,得依章程规定分成单一或复数之股份。"[1]虽然规定公司最低资本金的做法已经在一些国家和地区被取消,因为统一的资本金要求与公司经营事业的目的没有直接的联系,但是在大幅度降低有限公司出资额时,我国公司法对一人公司采取的资本制度仍可归为法定资本制,即注册资本不得低于10万元,[2]并且必须一次缴足。

第三节 章程的订立

本节的讨论以我国公司法规定的章程为基础,不涉及其他具有章程

---

① 赵德枢:《一人公司详论》,中国人民大学出版社2004年版,第318页。
② 日本于1990年承认一人有限公司及一人股份有限公司后,也提高了公司成立的最低资金。分别在有限公司法及商法中加入最低注册资本额的规定,即有限责任的资本总额不得少于300万日元,股份公司则至少需要资本总额1000万日元。德国公司法规定了有限责任公司的最低资本额为5万马克,股份有限公司的最低资本额为10万马克。参见李萍译:《法国公司法规范》,法律出版社1999年版,第36~37页。

性质的文件。并且对问题角度的选择是基于以下的考虑：公司章程涉及很多问题，既有关章程本体，如章程的概念、成立和生效的时间、功能等；也涉及章程和第三人的关系。在众多问题中，有的问题虽属于设立中公司行为规则的构建，但是理论和实践意义不甚显著，如章程内容分为"绝对必要记载事项、相对必要记载事项、任意记载事项"等，尚达不到"必要性和可争议性"的程度。所以，本节也不作进一步描述。本节主要的关注点为：章程的性质；设立中公司在制定章程在多大程度上可以选择退出公司法规范。

一、公司的性质与公司章程的性质

如果对章程作一个一般性的描述，它是由发起人订立的，具有规定公司组织及活动根本规则的、公司成立必须具备的、具有宪章地位的公司必备法律文件。"实质意义上的章程，系指规定公司组织及活动之公司根本规则而言。形式意义之章程，系指记载上述根本规则之书面而言"①和大陆法系统一的章程概念不同，英美法系在公司设立的必备文件或登记必备文件应属于一系列"章程性的文件"。②

章程的性质是什么？对公司章程性质，从不同的角度观察，曾经有过非常热烈的介绍或者说是对话，一系列学说被总结为"契约说、系列契约说、权利法定说、秩序说、自治法说"③等。对章程性质认识的分歧，其背后更为重要

---

① 柯芳枝：《公司法论》，中国政法大学出版社 2004 年版，第 78 页。
② 这些章程性文件的称谓分别是：英国称公司组织大纲（或组织简章）（Memorandum of Association）和组织章程（Articles of Association）；在美国称为公司组织章程（Articles of Incorporation）和公司章程细则（Bylaws）。公司组织大纲（英）与公司组织章程（美）主要是用以指导公司与外界关系的，被称为公司的外在宪章（External Conmution）；公司的组织章程（英）或章程细则（美）是用以规范公司内部事务的，被称为公司的内部宪章（Internal Comitution），并被视为是公司与股东之间以及股东之间的合同（Contract）。参见：张民安：《公司法上的利益平衡》，北京大学出版社 2003 年版，第 54 页。
③ 关于公司章程性质的讨论，见温世扬、廖焕国：《公司章程与意思自治》，载《商事法论集》第 6 卷，法律出版社 2002 年版。

的分歧,也可以说是根本性的、基础性的分歧在于对公司性质的认识。

(一)公司的性质:法律产物还是合同安排

对公司性质的争论,集中于公司是法律的产物,抑或公司是当事人合同的安排。这场开始于 20 世纪 70 年代的争论到目前尚无定论,但公司合同理论无疑对公司法的改革产生了重大的影响。公司合同理论始于经济学界对企业性质的追问,经济学人和法学人对公司的本质、公司法的本质开始了思索。对需要经过登记手段,公司才能获得法人人格,享有有限责任的立法例,学者认为,"原则上,持传统理论者之观察重心,皆放置在法律规范之解释操作上,较少论及规范背后所蕴涵之道理。公司法人格之赋予,实乃人为之拟制,理论上应是满足特定目的之手段,但法律人却鲜少去探究其中缘由。"[1]而发起人设立公司,订立公司章程的目的是什么呢? 无疑是为便利交易而为之。如果没有发起人之间的合意,则公司便不会诞生。经济学界对企业以及公司性质的重新思考,形成了众多的学说。在经济学上,最有名的企业理论当推科斯开创的"企业的契约理论"(the contractual theory of the firm),这一理论的要义主要是:企业是一个长期性契约(the contractual nature of the firm),这一契约是不完备的,随着市场的变化以及公司的具体情况而变化(the incompleteness of the contracts)。[2] 更精确的表述是,企业是一系列契约(合同)的组合(nexus of contracts),是个人之间交易产权的一种方式。因为企业替代市场实际上是要素市场替代产品市场。

和公司法规范有关的,也是广泛被法学家所借鉴的可推"公司是一合同联结体"的理论。该理论主张,公司乃一系列合约的联结。它们包括文字和口头的、显性和隐性的、明示的和默示的各种合同。他们为自身利益

---

① 王文宇:《公司法论》,元照出版公司 2003 年版,第 21 页。

② Ronald Coase, *The Firm*, *The Market*, *and The Law*, *Chapter One*, *in The Firm*, *The Market*, *and The Law*, Chicago: The University of Chicago Press, 1988, pp. 1~31.

最大化而讨价还价,作出有效的安排。① 也被称为公司的契约理论。在美国和澳大利亚,这种理论影响很大。其理论渊源为科斯的企业理论和交易成本(transaction costs)理论、②新古典经济学的企业理论③和充分的资本市场假设。④

契约论者认为,契约自由要求在这种契约关系中的当事人应当有权按照其自己的意愿来设定各种关系。就契约关系理论来说,"所谓的公司只不过一种提供自然人经营企业,享受利益负担损失的机制罢了","公司实为诸多契约关系所结合而成的组织。"⑤公司法只是起到补充真实合同的作用,也就是公司法只是为公司提供了一种可供参考的示范文本。这一点上,英国私人公司法可谓是范本。英国公司法设计了标准的公司章程。公司可以简单地接受英国工商部设计的公司登记表格A,表格A也就是标准的公司章程内容。只要出资人未作出与表格A不同的约定或者排除表格A的某些条款,该表格就是公司的章程。这样的公司法即起到一种示范作用,而非强制作用。

既然公司是一种契约关系,那么,必然的逻辑就是拒绝政府的干预。这种推理虽然在逻辑上是成立的,但将公司作为一组契约的观点,事实上并没有否认对公司的管制,也没有凸显发起人或股东对公司的完全自治。⑥ 依据这一理论,企业与市场的区别主要在于契约的完备性程度

---

① 罗培新:《公司法的合同解释》,北京大学出版社 2004 年版,第 20～25 页。

② Ronald Coase, The Problem of Social Cost, (1960) 3, Journal of Law & Economics 1.

③ Michael Jensen and William Meckling, Theory of the Firm: Managerial Behaviour, Agency Costs, and Ownership Structure (1976) 3 Journal of Financial Economics 305.

④ Ronald Gilson and Reinier Kraakman, The Mechanisms of Market Efficiency, (1984) 70 Virginia Law Review 549; Jeffrey Gordon and Lewis Kornhauser, Efficient Markets, Costly Information and Securities Research (1985) 60 New York University Law Review 761; Donald Langevoort, Theories, Assumptions, and Securities Regulation: Market Efficiency Revisited (1992) 140 University of Pennsylvania Law Review 851.

⑤ 王文宇:"进出公司法——几点跨领域的观察",载《月旦民商法杂志》2003 年创刊号。

⑥ Michael Whincop, Of Fault And Default: Contractarianism As A Theory Of Anglo-Australian Corporate Law, 21 Melbourne University Law Review 187.

（completeness）不同。尽管绝对完备的契约几乎没有，但相对而言，市场可以说是一种完备的契约，而企业则是一种不完备的契约（an incomplete contract）。① 如弗兰克·H. 伊斯特布鲁克（Frank H. Easterbrook）和丹尼尔·R. 费舍（Daniel R. Fischel）认为：首先，公司法是一套示范合同文本，是现成的 off-the-rack 合同条款，它可以为公司的参与者节省订立合同的成本。此外，公司法可以填补当事人订立的合同中的空白或遗漏，有助于公司顺利运作。其次，公司法规则是一套公共产品，即没有一个私人机构能从规则提供中获得全部回报，因为其他使用者能够复制其提供的规则，但不向它支付费用。所以公司法提供的应是开放性的合同规则，其中的任何规定都不应是强制性的，当事人可以自由地选择不适用。② 这样，公司法的目的就非常明确了：公司法文本为出资人提供了既能够节约设立费用的标准章程样本，又允许出资人根据具体情况做出某些修改。

需要公司法的另一个理由为：即使"公司法是一系列合同束的集合"这一大前提在合同作广泛解释的基础上是可以成立的，但是，不必然导致"公司法类似于合同法"，因为：（1）合同法是纯粹法学意义上的概念，它规范的是明示合同，与主要借助于经济学上的默示合同建立起来的公司合同理论所对应的"合同法"是有区别的；（2）在订立初始章程过程中，公司的参与者在信息的获得和选择上具有重大缺陷，而这种设立阶段订立章程的固有缺陷是公司合同理论者没有假设的。③

前文已经指出，对公司性质的争论仍然还没有结论，当然，试图以学说来解释在经济生活中不断变化的公司这种经济实体也许是不可能的，

---

① Alchian, Armen A., and Harold Demsetz 1972, Production, Information Costs, and Economic Organization, American Economic Review, December pp. 777—795.

② Frank H. Easterbrook &Daniel R. Fischel, *The Economic Structure of Corporate Law*, Harvard University Press（1991）.

③ 当然，公司法必要性的另一个方面来源于公司合同理论自身的缺陷。罗培新先生分析到："公司合同理论的局限性，为公司法提供了存在的前提，而且，即使以合同的视角加以解析，公司法也具有区别于合同法的价值取向。"更为详细的论证过程参见罗培新：《公司法的合同解释》，北京大学出版社 2003 年版，第 64~84 页。

所有的理论只是为提供一种认识角度而服务,如果最终能被经济实践所认可,那么它相对来说就是成功的。就我国公司法的发展来看,公司合同理论无疑更具有实践意义。公司合同理论将直接关涉章程和公司法规范的关系。对公司性质的争论,也直接体现于对章程性质的争论中。

(二)公司章程的性质:合同还是内部自治法规

公司的性质对公司章程的性质影响巨大。如果认为公司是法律的产物,则章程不具有自由选择公司法规定的自由,特别是强行性规范。而将公司视为当事人协议的产物,相应地,公司章程作为合同束中的一个具体合同,当事人当然可以选择对自己有效的公司法规则。也就是"可以自由进出公司法"。

就公司章程的性质,有"契约"和"自治法规"的差异。英美法国家,公司章程被视为是一种契约,它是公司股东、董事及高层管理人员之间订立的合同。契约说及其修正后的系列契约说,其要义可以概括为,章程的制定是基于发起人的共同意思,而且章程制定后即对发起人产生约束力,因此具有契约的性质。大陆法系学者倾向于认定公司章程是一种自治法规。即章程除约束制定者外,当然约束公司机关及新加入公司的股东,它具有公司内部自治法规的性质。

我国学者一般认为,章程不能等同于"契约",也不是"自治法规"。对于前者,章程的效力突破了"合同的相对性原则",这也是学者反驳章程"契约性"的一个主要理由。如认为二者订立和修改的方式不同,二者的效力范围不同,二者作用不同等等。也就是说,章程不仅仅确定了发起人(股东)内部之间的个人法律关系,同时,它又为公司这一法人的缔造提供了法律基础。至于"自治法规",我国学者的反驳理由则在于章程并非由国家立法机关制定的法律或法规或行政规章,二者相差甚远。

但是在公司合同学者的理解中,上述对章程性质的理解均限于形式主义的弊病中。如公司契约论者所说的"契约",并非严格的民事契约。就契约在使用视角上的差异来说,如果超越法律形式主义,如果不以"要约承诺"来解说章程的话,将章程视为合同,在理论上是可以接受的。[①]
而就"自治法规",应当基于"契约在当事人之间即法律"的思想,[②]而非我国立法法中所称的法规概念。

在对章程性质的讨论中,本文倾向于章程为合同。虽然对"契约"、"自治法规"理解的角度不同,但就公司章程性质的认识上,下列几个结论具有普遍性:

1.公司章程首先是融入了股东(发起人)意思自由的文件,尤其是设立阶段订立的公司章程,被定位为发起人之间的合同,被视为发起人的私人意思自治在公司法中的集中体现。但是当章程性文件形成后,其约束的对象不限于订立时的股东,它的性质为公司内部规则的安排。

2.公司章程或多或少地要受到公司法规则的约束。公司法领域具有一定数量的强制性规范,我国诸多学人将其总结为"私法公法化"的表现。章程中对公司权力的分配、组织机构的安排、分配法则的设计,和公司法一起,共同承担着公司规范运行的两大基点。章程要受到公司法的约束,这和章程的合同性是不矛盾的,即使是纯粹民法意义上的合同,也要受到法律的约束,这一点应无疑问。

如果就设立中公司制定章程这一阶段来看,毫无疑问,章程的诞生是投资者意愿的表示,是他们内心意思的外在反映,是就准备成立的公司的组织活动和权利配置做出预期性的安排,尤其是有限责任公司这一具有人合性的资合团体中,公司章程作为全体股东共同制定的法律文件,具有

---

① "经济学家关于契约的概念远比法律家对它的界定广泛得多。它将'契约'的概念延伸到了我们通常的理解之外。它不仅包括程序协商,而且包括结果协商。……法律家的契约概念通常特别专注于契约的形式要件——要约与承诺。而经济学家的契约概念则是指两个以上的行为人的共同期待。这种视角上的差异在'隐性'合同的情况下,则显得更加尖锐。对于一个法学家来说,这种所谓的隐性合同实际上不存在的,只是由于某种正义原则才使得其具有法律上的执行力。而对于一个经济学家来说,一个隐性合同是一种可由市场机制(如声誉)而非法院来执行的合同。这种执行手段不会给受害方带来法律救济,但是经过一段时间却会给违约方带来惩罚。"施天涛:《公司法论》,法律出版社 2005 年版,第 28 页。

② 罗培新:《公司法的合同解释》,北京大学出版社 2003 年版,第 137 页。

优于公司法规定的适用性,这一点,更体现了章程的契约性。章程优于公司法规范的适用体现了有限公司极为明显的自治色彩。

如果将公司章程的性质放在更大的一个视域范围来看,那对章程性质的分歧和公司性质的分歧是联系在一起的。再进一步,和公司法的规范结构密切相关,章程和公司法的关系即是本节下面讨论的重点。

二、章程与公司法规则

对于"章程可以在多大程度上改变公司法规则"这一命题,公司法学人及经济学人的研究和结论是沿着两条路径展开的:一条路径是经济法学者关注的"公司的性质",公司是合同的产物还是法律规范拟制的结果?另一条路径是公司法学者从法规范的角度分析公司法的性格,包括强制性规范和任意性规范在公司法规范中的区分及运用,公司章程的意思自治如何表征等。也即公司法学者一直在追问:在章程中是否可以作出不同于公司法的规定? 换句话说,章程中是否可以选择不适用公司法中的规定? 就公司法的性质争论,和公司性质的争论一样,它为我们提供了一种解读公司法的新视角,而非能够确定公司法的本质。在结论上,有一点可以肯定的是,虽然公司法对公司发起人的行为约束限于程序上,但在订立公司章程时,公司法有充分理由不允许公司参与者以合约形式完全退出法律规定(contracting out)。尽管笔者坚持发起人的意思自治应当是被遵守的基础,但仍然不否定制定初始章程时某些公司法规则要必须遵守。我们需要的是:"允宜在任意规定与强制规定之间,寻求一个最佳的比例组合。"[1]也就是说,设立中公司在从事章程制定时,要考虑下列两个因素对章程条款的影响:(1)公司法规则的划分;(2)公司形式的划分。

---

[1]　王文宇:"进出公司法——几点跨领域的观察",载《月旦民商法杂志》2003 年创刊号。

（一）公司法规则对章程形成的影响

1.公司法规则的理论划分

公司法规则有三分法和二分法的区别。

爱森伯格将直接涉及公司的内部组织以及公司参与者（corporate actors)行为的法律规则依据表现形式分为"强制性规则、补充性规则、赋权性规则" ①。

"赋权性规则（enabling rules)"，指只有经过公司参与者以某种特定方式采纳，才发生法律效力的规则；从民法角度来看的话，赋权性规则是界定私法上形成及处分权利义务界限的规范，赋权性规则的变通，取决于享有权利一方的单方面的许可，不经过权利方的许可，赋权规范对于承担义务的一方不能被排除适用的。

"补充性规则（suppletory or default rules)"，指只要公司参与者未以某种方式采纳其他规则就自动适用的规则。

"强制性规则（mandatory rules)"，指公司参与者不能改变其适用的规则。

按照其他的规则划分标准，根据规则调整对象的不同，可将公司法规则区分为：结构性规则（structural rules)；分配性规则（distributional rules)和信义性规则（fiduciary rules)。其中，结构性规则规定决策权在各种公司机关和代理人之间的分配及其行使条件，控制权在公司机关和代理人之间的分配，有关公司机关和代理人的行为的信息的流动。分配性规则规定对股东的财产，包括盈余分配。信义性规则规定经理人和控制股东的义务。这些规则可统称为"宪章性规则（constitutive rules)"。

柴芬斯将公司法的规则分为"许可适用（可以）规范，推定适用（可以放弃）的规范和强制适用（必须和必须不）规范"。②

---

① M.V·爱森伯格："公司法的结构"，张开平译，载《商事法论集》第 3 卷，法律出版社 1999 年版，第 390 页。

② ［加］布莱恩·R.柴芬斯著，林华伟等译：《公司法：理论、结构和运作》，法律出版社 2001 年版，第 234 页。

所谓"二分法"将公司法的规则分为"强制性规范、任意性规范"。如,汤欣将公司法中的规则分为"普通规则与基本规则"两种。普通规则指"有关公司的组织、权力分配和运作及公司资产和利润分配等普通制度的规则",基本规则"指有关公司内部关系(主要包括管理层和公司股东、大股东和小股东之间的关系)等基本制度的规则"。[①]

2.强制性规则的理论判断

在上述对公司法规则的分类中,都涉及强制性规则,对这些规则,原则上在订立公司的章程时,需要全部考虑,章程没有退出的自由。可是,强制性规则湮没于涉及公司内部管理和制度形成的若干规则中,如何将其剔除出来? 也就是如何判断某一个具体规则的性质归属? 无疑,这是一项"复杂的工作"。布莱恩·R.柴芬斯认为这个分类过程具有复杂性。他对三类规范均做了分析:[②]

就许可适用规范而言,"从前述讨论看上去将法律规范分成许可适用、推定适用、强制适用好像是相当简单。但是,这一过程经常并不是直截了当的。比如,就许可适用规范而言,对它进行适当的分类是相当困难的,因为有时它们与其他类型的法律混在一起。"

就强制性规范而言,"有必要知道建立一个不可变化的法律并不能保证公司参与者会重视并遵守有关的规定。由于各种各样的原因,法律原则,虽然有强制的词语,对公司行为可能只起到很小的限制作用。……另外一个强制性适用规范对公司参与者的作用可能很小的原因是松弛或不稳定的监督。"

就推定适用规范而言,"许多因素使分类过程变得复杂了。其中一个棘手的问题是确定不适用的具体要求。……另外一个使对推定规范进行分类复杂化的原因是对是否可以排除适用并不明确;如果可以排除适用,则应在什么时候。"

---

① 汤欣:"论公司法的性格",载《中国法学》2001 年第 1 期。
② [加]布莱恩·R.柴芬斯著,林华伟等译:《公司法:理论、结构和运作》,法律出版社 2001 年版,第 238~244 页。

虽然对公司法中各项规则的区分是困难的,但是对规则的区分仍是非常必要的,特别是对强制性规则的判断。这项工作同样是设立中公司订立章程时需要仔细甄别的。

学者提出了如下的具有代表性的对规则的甄别方法。包括但不限于:

(1)从商业判断角度。爱森伯格认为,"至于如何决定不同规则的适用事项,因为公司是一个由人所有和管理的经济机构,所以在很大程度上要依赖于经济分析、定量数据和对心理的洞识。……在实践中,这些因素的应用主要取决于规则的调整对象和制度性架构的性质(the nature of the institutional setting)。"[1]

(2)从规则的外观角度。如从中文语言的习惯用法中,条文中有"应当"、"必须"等字样可以作为判断条款是否属于强制规范或禁止规范的初步证据。但是这种判断方法的最大硬伤即在立法语言本身的模糊性,因此这种判断是不可靠的。

邓辉先生认为强制性规则至少应当满足的标准是:"(1)具有较强的确定性。这种确定性应体现在两个方面,即公司法条款的'强制性'性质是明确的,强制性规范的内容和效力也是明确的;(2)应当是涉他的。涉他性的行为总是易于受到法律的管制。按照涉他标准,强制性规范对公司当事人的非涉他行为的管辖是不合目的的。"[2]

(3)规则的调整对象结合规则的性质。

爱森伯格认为应当采用两个标准来判断。[3] "这些因素的实际运用主要取决于规则的调整对象(the subjiectmatter of the rule)和制度性构架的性质(the nature of the institutional setting)。"进一步地,爱森伯格将公司类型区分为闭锁公司、公开公司以及准备上市的公司;将规则区分为结构

---

① M. V·爱森伯格:"公司法的结构",张开平译,载《商事法论集》第 3 卷,法律出版社 1999 年版,第 390 页。

② 邓辉:《论公司法中的国家强制》,中国政法大学出版社 2004 年版。

③ M. V·爱森伯格:"公司法的结构",张开平译,载《商事法论集》第 3 卷,法律出版社 1999 年版,第 392 页。

性、分配性和信义关系性规则。

就闭锁公司(有限公司)而言,"在这些公司中,宪章性规则通常是经由讨价还价而决定。……考虑到讨价还价的力量,结构性规则和分配性规则应以授权性或补充性为主。考虑到讨价还价的限制,信义性规则应以强制性为主。"

就公开公司而言,"……规整这类公司的法律规则究竟应当是赋权性的、补充性的、还是强制性的,主要取决于非契约性私人秩序安排的力量及其限制,而非合约或者契约。"[①]……"在公开公司中,涉及股东利益与高级管理层利益存在重大冲突的领域中,有关核心性信义规则以及结构性规则,基本原则显然是必须由强制性法律规则来规整。……信义性规则必须以强制性为核心。"[②]

汤欣将有限责任公司的规范分为普通规则和基本规则,"普通规则"是指"有关公司的组织、权力分配和运作及公司资产和利润分配等普通制度的规则","基本规则"即指规范董事、经理对公司股东所负责任(包含大股东对于小股东的"受托责任"),换句话说,基本规则是指有关公司内部关系(主要包括管理层和公司股东、大股东和小股东之间的关系)等基本制度的规则。原则上普通规则可以是任意性的,而基本规则应当是强制性的,不得由当事人自由变更。其理由来源于两个方面:首先,基本规则有关股东的基本权利;其次,基本规则并非具体的实体规范或程序规范,它们往往有广泛的适用性,了解其字面含义的股东往往并没有也无法真正理解其存在或取消的后果。所以,这些规则不能被股东以"协议"的形式自由加以变更或放弃。[③]

在公众公司中,章程基本上是发起人意志的表现,发起人和其他股东

---

① M. V·爱森伯格:"公司法的结构",张开平译,载《商事法论集》第 3 卷,法律出版社 1999 年版,第 403 页。

② M. V·爱森伯格:"公司法的结构",张开平译,载《商事法论集》第 3 卷,法律出版社 1999 年版,第 412 页。

③ 汤欣:"论公司法的性格——强行法抑或任意法?",载《中国法学》2001 年第 1 期。

不可能进行协商。如前所述,股东之间的强制、公司经营层对股东利益的侵蚀都需要公司法强制性规则的干预。在章程的形成时,学者提出了下列几个判断:

(1)核心的信义性规则是强制性的。

(2)结构性规则关涉权力分配,原则上它们应该是强制性的。①

(3)有关利润分配性规则一般应是授权性的,任意性的。

总之,对公司法中的强制性规则的判断并非一件简单的工作。那么,章程如何面对如此复杂的,边界模糊的强制性规则呢?本文认为,区分公司类型,也就是爱森伯格所言"制度性构架的性质",在我国公司法实行中是更需强化的观念。

(二)公司的制度性构架与章程的订立

有限责任公司(闭锁公司)和股份有限公司(公开公司)对章程排除强制性规范的宽严态度不同。在闭锁公司中,章程有非常大的自主空间。也即,除了对公司法的规范区别对待外,还需要结合不同的公司类型(即公司的制度性架构)来考察章程的意思自由。

分别对待两种类型的公司章程和公司法规则,至少有下列几种理由:

1.两权分离引发的代理问题在有限责任公司中并不明显。② 有限责任公司是为中小企业量身定做的,它是德国立法者的发明(Erfindung)。

---

① 汤欣在上文中将有关权力分配的强制性普通规则划分为以下几种类型:首先,有关由股东选举固定任期的董事,再由董事会聘任和监督公司高级管理人员的规则;然后,要求将有关公司业务开展情况的财务资料定期作真实、充分的披露的规则;再次,要求所有有关公司控制权、主要资产和业务的转移都要经过股东投票表示意见的规则(对上述议案表示反对的股东应有权要求公司以公正的价格回购其所持股票);最后,是保证股东的投票权得到真实、充分的行使的规则。

② 在考虑公司章程和公司规则的关系时,爱森伯格认为:主要的理由来源于公开公司中,这种利益冲突主要分为三种:所有代理人都会具有的偷懒的现象;代理人通过不公正的自我交易,把受托人的资产据为己有(用),从而享受潜在的利益;以牺牲股东的利益来维持和巩固自身地位的职位利益冲突。要防止这些利益冲突,就必须要法律介入,如果任由股东和管理层之间进行协商,由于股东力量的分散及其拥有的信息的影响,股东表面上的同意具有很大的局限性。(注:爱森伯格主要分名为同意、夹杂利益冲突的同意、被迫同意、无可奈何的同意四种情况来论述股东同意的局限性。参见 M. V. 爱森伯格:"公司法的结构",张开平译,载《商事法论集》第 3 卷,法律出版社1999 年版,第 407～412 页)

人合性的特征决定了有限公司的封闭性,虽然它必定会和第三者发生债权债务关系,但是这种关系更多的是从事商行为的个人(如一人公司)或数人(一般意义上的有限责任公司)的意志,公司只是为了方便交易所采取的载体,公司的意志是公司股东意志的集合。在这种公司中,股东常常会自己经营公司,股东的意志能够得到充分的实现,虽然公司拥有法人财产权,公司的所有权和经营权在制度设计上是分离的,但是公司的决策权和经营权并未完全分离,在小规模公司中,可以假设为完全合一,因此,由所有权和控制权的分离导致的管理层与股东的利益冲突并不明显。如中国公司法规定规模较小人数较少的有限责任公司可以不设董事会,只设执行董事,并且,执行董事的职权是由章程或者股东来决定的。所以,两权分离带来的代理问题在小公司中并不明显,诸如代理成本问题、信息不对称、管理层图利自己、偷懒、自我维持以及大股东滥用控制权等行为机会主义现象等等两权分离的固有后果因为股东的自己经营而减弱。因为有限责任公司章程的形成过程,也是股东充分协商、经历了要约承诺的一个讨价还价的过程,所以股东对章程,包括章程和章程的修改的同意是明示的,这种"合同"更符合法律意义上的"合同",所以,"公司合同理论"更加适合于有限责任公司,与股份有限公司比较,有限责任公司的章程应享有更大的自治空间。

2. 基于制度设计上,有限责任公司适合于规模较小的、人合性的、封闭的一种团体形式,规范有限责任公司的法律规范,即一国公司法中的有限责任公司部分或者单独立法的有限责任公司法(私人有限公司法)在立法目的上也就没有设定保护不特定的大众投资者的义务,它主要目的是规范一个有限责任公司内部的组织机构,为股东的意志可以自由表达免受外力干涉提供一个渠道,或者更进一步的目的,法律为股东表于外部的意志能够达到其内心的意图提供一个示范。所以,法律即使规定了有限责任公司的章程条款,但是又让章程成为意思自治的载体,让它拥有更多的自由空间,从而使得每个有限责任公司(私人公司)可以自主的自我形成。

3. 因为从制度上有限责任公司适合中小企业，那么控制设立的成本对小公司的股东更显必要。在制定章程中，公司法的态度更应侧重于发挥法律的示范功能和指引功能，以减少章程订立时的不确定性，为私人公司顺利得以登记提供服务。如以前述英国为例，英国的公司登记机构根据企业类型的不同，制定了由 A 到 F 的各种范本，[①]目的是让出资人能够根据章程样本的指引，快速而较为详细地制定公司章程。

4. 两类公司区别对待，符合现今仍在进行的全球化公司法的改革趋势。

和有限责任公司章程以自治性为主不同，学者和立法一般认为，股份有限公司章程的形成更多地受到强制性规范的约束，因为：

（1）公司控制权之争始终贯穿于章程的制定过程中，并且这种权利的争夺非私力救济可以完成。首先，"资本多数决"原则的基本表决方式为控制股东滥用控制权提供了便利。并且，根据本文的观点，即使是设立中公司，也应当一体适用公司法对成立后公司的规则，除非这项规则的实现是以登记为前提。因此，设立中公司也可以实行资本多数决的表决方式。其次，章程是由发起人制定，依据我国公司法，即使在募集设立中，发起人最少要认购的公司股份数额为公司股本总额的 35%，在股权高度分散的现代经济模式中，这个比例足以控制公司。再者，虽然发起人制定的章程要由认股人组成的创立大会通过生效，但是至少有以下几方面理由会导致"股东的理性冷漠"，认股人在公司成立后更多地利用"用脚投票"的方式表达对公司经营状况的不满：①公司的经营活动本身的高度复杂化和专业化；②股权分散；③信息不对称；④会议本身的议事规则和表决机制。因此，在章程的制定过程中，不可避免的存在控股股东压制其他股东的情形。

---

① *Butterworths Company Law Handbook*, 18th ed, Lexis Nexis, Butterworth, 2004, pp. 3023 ~ 3058.

（2）保障公司经营层的独立性的需要。章程的设计者在为成立后公司设计的组织结构规则以及行为规则中，保障股东的利益最大化应为其设计的核心目标，现代公司理论中，"公司的资本逻辑"虽然遭遇"利益相关者学说"的冲击，但是目前尚没有充分的理由反对公司目标之一即为实现股东利益最大化。为此，从理论上说，公司的发起人在公司章程中设计权力的层层授权结构网中，核心任务要设计出可以控制的经营权。但是，现代公司实践中，董事会越来越成为公司治理结构的重心，并且伴随着席卷全球的经营者革命，在公司的实际运作中，经营决策权掌控在经营者手中。经营者在公司治理结构中占据的位置越来越重要，既然公司实践发生了变化，法律作为经验的总结，为应对已经变化了的实践，公司立法做出了"股东会中心主义向董事会中心主义"的调整，并用强行法规范保障董事会的独立性。德国 1937 年《股份法》中首先削减了股东大会的职权，强化了董事会的权限，并确立了董事会之于股东会的独立性。直接赋予董事会独立的、不受股东会干预的职权，这一公司法强制性规范也是不允许章程加以选择适用的。

基于上述理由，设立中公司在订立章程时，需要区分选择规则，我们下面以我国公司法关于章程订立的相关规则来说明。

三、对公司法章程的文本分析

我国现行公司法文本高举"公司自治"的旗帜，在有限责任公司设立过程中，章程通常由股东充分合意形成。立法上对有限责任公司章程形成采取的态度是逐步放松管制给予公司参与者更多的意思自治空间。表现在章程的制定上，更多地采取了赋权性规范，减少了强制性规范。这个观点也得到了司法机关的认同。如 2002 年北京市海淀区人民法院在"杨某、戴某诉王某等六人的股东表决权纠纷案"（「2002]海民初字第 6386 号判决）判决中涉及"章程和公司法规范的关系"，判决表达了这样的观点：

在有限责任公司中,公司章程是股东间的协议,只要不违反法律行政法规的强制性规定,章程的规定即具有约束力。公司法规范是起一个对公司章程的填补空白的作用,将1999年的《公司法》第41条的有限责任公司"股东会会议由股东按照出资比例行使表决权"定位为对公司章程的补充性规定,而非强制性规定。在公司法修正案中,对有限责任公司股东表决权的行使采取了"章程约定优先"的态度。

(一)章程的一般规定

公司法中既有对章程作出的无差别的规定,也有区分公司类型有针对性的章程的条款。一般性章程条款包括:

1.章程为设立中公司的必备法律文件。即"设立公司必须依法制定公司章程"。公司的章程一般属于公司必须公告的事项,但对于公司管理内部事务之规则,如公司的办事细则(by laws)是否均需公告,有学者提出应当区分对待,"……原则上无约束第三人的效力。唯若公司在章程中提供索引,或依照上市(柜)公司相关规定制定内规,甚至将内规登载于募集有价证券之公开说明书中,此时,该内规内容是否具有公示效力,不无疑问。……如果章程有内部的索引,原则上如此记载方式表示的内部规则有对世效力。唯第三人依本法第393条向主管机关申请查询、抄录或向公司索取后,仍无法获知细目内容或将花费过多之资讯搜寻成本时,则应认为此细目事项不具有对世效力。"[1]

2.章程的效力。公司章程对公司、股东、董事、监事、高级管理人员具有约束力。可见,章程不仅仅是公司与股东、股东与股东之间的契约,而且章程还具有一般效力。

3.章程自主权事项。法定代表人不再唯一,担任的具体人选由公司章程在董事长、执行董事或者经理中决定;公司转投资额授权章程决定,

---

① 王文宇著:《公司法论》,中国政法大学出版社2004年版,第81页。

而非法律统一规定上限。①

（二）有限责任公司章程

如前所述,和股份公司在制度设计上主要为大公司服务不同,有限责任公司的制度设计以适应中小企业的规模结构为特点,与其结构相对应,法规范的设计要给其留有更大的自治空间。体现在章程和公司法规范之间的关系中,公司法规范的性质更多地表现为授权性规范,或者补充性规范。如:

1. 组织机构的设置由公司法确定,但是机构的运行程序以章程意定优先适用。如:股东会会议的召集程序、议事方式和表决程序,以章程约定或者全体股东约定适用优先。经理职权采用法定和章程意定相结合方式,并且,以章程意定优先;执行董事的职权由公司章程规定。

2. 股东表决权的行使方式以章程约定优先。公司法不再对有限公司股东表决权限定为"一股一权",对股东投票权的规定则要灵活得多。这也是德国、日本、我国台湾地区采用的立法例,即或允许章程对表决权的分配方式另行规定,或允许章程在公司设定的分配方式之间选择,如,《德国有限责任公司法》第 47 条第 2 款规定,每 100 德国马克给予一票表决权。同时第 45 条第 2 款规定,公司章程可以对表决权的行使方式作出其他的规定。《日本有限责任公司法》第 39 条规定,各股东出资一股有一票表决权,但不妨碍以章程对表决权作另外规定。我国"台湾地区公司法"第 102 条第 1 款规定,每一股东不问出资多寡,均有一票表决权。但得以章程订立按出资多寡比例分配表决权。我国 2006 年《公司法》第 43 条规定,股东会会议由股东按照出资比例行使表决权,但是不妨碍公司章程另作规定。

3. 股权转让以公司章程约定优先适用。《公司法》第 72 条对有限责

---

① 修订前的公司法第 12 条对转投资规定为不得超过公司净资产的 50% 。……该条第 2 款规定被学者称为"无人能懂的法律",参见方流芳:"解读无人领会的语言:《公司法》第 12 条第 2 款的诊断",转载于《律师文摘》总第 8 期,第 191 页。

任公司的股东转让股权进行了更为细致的规定。"有限责任公司的股东之间可以相互转让其全部或者部分股权。股东向股东以外的人转让股权,应当经其他股东过半数同意。股东应就其股权转让事项书面通知其他股东征求同意,其他股东自接到书面通知之日起满30日未答复的,视为同意转让。其他股东半数以上不同意转让的,不同意的股东应当购买该转让的股权;不购买的,视为同意转让。经股东同意转让的股权,在同等条件下,其他股东有优先购买权。两个以上股东主张行使优先购买权的,协商确定各自的购买比例;协商不成的,按照转让时各自的出资比例行使优先购买权。"该条第3款又规定:"公司章程对股权转让另有规定的,从其规定。"从公司法规范的分类来看,第72条属于补充性规范,也即,在公司章程没有规定的情况下适用,绝非一种强制性规范。

4.股东资格继承以公司章程约定优先。股东资格的继承权首次规定于公司法中,为与有限责任公司人和性质相适应,股东资格能否继承,这是以章程的意思为准的,法律规范只有在不和公司章程相背离时,才适用第76条规定的"股东资格可以继承"。

(三)股份有限公司的章程

股份有限公司的章程由发起人制定,在采取发起设立情形下,需由发起人一致同意,在采用募集方式设立的情形下,公司章程需经创立大会通过。和有限责任公司相同的是,章程也是公司设立登记的必备法律文件。和有限责任公司相异的是,股份有限公司关涉社会公众的利益,公司法对其强制性规范的比重远高于有限责任公司,虽然章程也体现了公司的自治性规则,但章程更多是表现为法规范的补充。如:

1.组织机构。临时股东大会的召集事由,章程所列事项为补充规定事项。股东大会的议事规则由公司法强行规范规定,实行资本多数决原则。

2.股份转让的限制性规定,在以公司法规范为强制性规范的前提下,公司章程可以再做补充性的限制规定。

公司法也给股份有限公司留下了自治的空间,如:关于董事监事的选举方式,授权章程或者股东大会选择是否采用累计投票制。再如对税后利润的分配方案的制订上,无论是有限责任公司还是股份有限公司,均以股东约定或章程约定优先,公司法规范为补充作用。

3. 和有限责任公司较为灵活的股东表决权机制不同,通常股份有限公司中股东投票权的分配基于股东的投资是强制性要求,它实行的是一股一权原则,即第104条规定,"股东出席股东大会会议,所持每一股份有一表决权。但是,公司持有的本公司股份没有表决权"。

总之,章程虽于设立阶段订立,但它从理论上为公司的运行设定了禁忌和自由活动的空间,本节没有拘泥于设立中公司制定章程行为的本身,因为此种程序性问题似乎并没有过多的争论。而对章程,这个被我们曾经忽视的,在观念上被当作"花瓶"摆设的东西,却随着公司性质的争论、公司法性质的争论引发了公司法学者的广泛关注,章程和公司法规则的关系实质上是公司性质的延伸。章程是不是契约?如何理解契约的含义?公司法中哪些规则,或者说是哪些种类的规则对章程具有强制性?本节认为,这应当是设立中公司在制定章程时应当关注的重点。

结束语

笔者认为,设立中公司的常规结局为公司成立,似无必要扩大设立中公司的风险性,将设立过程中的不确定因素视为是设立中公司的主要特征,如果这样思考的话,将不会积极地思考设立中公司本体问题,更不会在立法上赋予其主体地位,不会承认设立中公司可以承担设立责任。而应当依据信赖原理,视设立中公司一般状态是可以顺利过渡为成立后的公司,将设立中公司和成立后公司一体讨论。在上述理念的指导下,在进行了前面的分析和探讨后,本书的结论为:

一、设立中公司可以被视为民事主体。我们不能否认这样一个现实:在现代法治国家,主体资格几乎是实体法选择的结果,也就是说,法律是否承认一个组织体是独立的法人,主要取决于立法者的选择。影响立法者考量的因素主要有两个:一是组织体的行为能力;二是组织体承担有限责任的社会影响。在现代,几乎所有国家都承认法人可以经由自然人而获得行为能力,因此,这里需要考量的仅仅是第二个因素,即设立中的公司能否承担设立责任。

我们认为,虽然目前立法不可能超前到承认设立中公司的有限责任,但从设立中公司的民事权利能力以及设立中公司以自己的名义所从事的各种活动看,设立中公司应具有独立的主体地位。退一步思考,即使承认设立中公司承担有限责任,根据目前国外最新的理论认为,有限责任是当事人之间的一种契约,即使立法承认设立中公司承担有限责任,事实上也不会造成债权人利益的损害。因为一旦立法做出了特定的制度安排,债权人在与设立中公司订立合同时,就会预先考虑到各种风险。那么,赋予设立中公司独立的民事主体地位似无不可。

二、设立中公司责任的性质为独立责任,应当由设立中公司以自己的财产承担设立责任。从责任能力角度来看,民法中的独立人格要求团体具备责任能力,而不是责任的大小。基于此,设立中公司具有独立的、完全的,而非是受限的责任能力。

三、设立中公司机关具有独立性。设立中公司机关不仅包括发起人合伙,还包括董事会以及创立大会。在董事会产生后,它取代发起人合伙成为设立中公司的执行机关和代表机关,执行意思机关的决议以及公司的申请设立登记事务。发起人作为一个整体属于设立中公司机关,这毫无疑问,但是它不是设立中公司的唯一机关。就设立中公司机关的表决方式而言,设立中公司机关的表决方式并非唯一。其意思机关的表决方式可以交由发起人协议来约定为"资本多数决"原则或"人头主义"原则,本书主张采取"资本多数决"原则,因为它更能使设立中公司和成立后公司顺利对接,但考虑到该种观点的超前性尚不能为立法所接受,将设立中公司意思机关的表决方式交由发起人意思自治也是可行的。至于执行机关,则采取一人一票的"人头主义"。从法理上来说,机关组成成员的权利和机关的职权是不同的。以股东会为例,股东的权利包括自益权和共益权,而股东会的职权更多地体现为决策权和财产的最终的索取权,还包括对董事和监事的任免权。发起人和设立中公司机关各有自己的权利或者是权限范围,不能将发起人的权利混同于机关的权力。

四、设立中公司作为独立主体,应当有可供自己支配的财产。其财产筹集规则应因公司法修改需要进行适当调整。既然订立章程被视为公司设立的必要行为,设立中公司就不应忽视在章程订立中要遇到的法律问题,并尽可能在订立章程中予以避免。

上述对设立中公司的分析,均试图将设立中公司作为一个独立的民事主体来看待,并对目前设立中公司法律问题的解决方案提出商榷。卡尔·波普把寻求解决问题的对策看成是一个试验和出错的过程,在这个过程中,容许多元化的主张被认为是一个前提。从这个角度来说,本书开始于发现现有解决公司设立阶段方案中的缺陷,寻找新的解决方案,所得到的结论"设立中公司是独立的民事主体,具有自己的成员和独立的机关,具有自己的行为规则,设立责任应当是一种补充责任"。这个结论也正是另一个批判的开始。

参考文献

中文类

一、专著部分

1. ［德］托马斯·莱塞尔、吕迪格·法伊尔著,高旭军等译,《德国资合公司法》,法律出版社 2005 年版。

2. ［德］卡尔·拉伦茨著:《德国民法通论》(上册),王晓晔等译,法律出版社 2003 年版。

3. ［德］迪特尔·梅迪库斯著,邵建东译,《德国民法总论》,法律出版社 2000 年版。

4. ［法］伊夫·居荣著,罗结珍、赵海峰译:《法国商法》(第 1 卷),法律出版社 2004 年版。

5. ［意］彼得罗·彭梵得著,黄风译:《罗马法教科书》,中国政法大学出版社 1992 年版。

6. ［美］M.V·爱森伯格:《公司法的结构》,张开平译,《商事法论集》第 3 卷,法律出版社 1999 年版。

7. ［加］布莱恩·R.柴芬斯著,林华伟等译:《公司法:理论、结构和运作》,法律出版社 2001 年版。

8. ［韩］李哲松著,吴日焕译:《韩国公司法》,中国政法大学出版社 2000 年版。

9. ［日］志村治美著,于敏译:《现物出资研究》,法律出版社 2001 年版。

10. 梅仲协:《民法要义》,中国政法大学出版社 1998 年版。

11. 王泽鉴:《民法总则》(增订版),中国政法大学出版社 2001 年版。

12. 郑玉波:《民法总则》,中国政法大学出版社 2003 年版。

13. 谢怀栻:《外国民商法精要》(增补版),法律出版社 2006 年版。

14. 梁慧星:《民法解释学》,中国政法大学出版社 1995 年版。

15. 梁慧星:《民法学说判例与方法研究》,法律出版社 2003 年版。

16. 梁慧星:《民法总论》(第 2 版),法律出版社 2001 年版。

17. 李开国著:《民法总则研究》,法律出版社 2003 年版。

18. 龙卫球:《民法总论》,中国法制出版社 2002 年版。

19. 赵万一:《民法的伦理分析》,法律出版社 2002 年版。

20. 张俊浩:《民法学原理》,中国政法大学出版社 1991 年版。

21. 佟柔主编:《中国民法》,法律出版社 1990 年版。

22. 崔建远:《合同法》(第 3 版),法律出版社 2003 年版。

23. 马骏驹、余延满:《民法原论》,法律出版社 1998 年版。

24. 尹田:《民事主体理论与立法研究》,法律出版社 2003 年版。

25. 梁慧星:《中国民法典草案建议稿附理由》,法律出版社 2004 年版。

26. 王利明:《中国民法典学者建议稿及立法理由》,法律出版社 2003 年版。

27. 孔祥俊:《民商法新问题与判解研究》,人民法院出版社 1996 年版。

28. 郑玉波:《公司法》,台北三民书局 1980 年版。

29. 柯芳枝:《公司法论》,中国政法大学出版社 2004 年版。

30. 王文宇:《公司法论》,元照出版公司 2003 年版。

31. 梁宇贤:《商事法论》,中国人民大学出版社 2003 年版。

32. 赵旭东主编:《新公司法制度设计》,法律出版社 2006 年版。

33. 赵旭东主编:《新公司法讲义》,人民法院出版社 2005 年版。

34. 吴越主编:《私人有限公司的百年论战与世纪重构——中国与欧盟的比较》,法律出版社 2005 年版。

35. 江平、方流芳:《新编公司法教程》,法律出版社 2003 年版。

36. 石少侠:《公司法》,吉林人民出版社 1998 年版。

37. 史际春、温烨、邓峰著:《企业和公司法》,中国人民大学出版社 2001 年版。

38. 王保树主编:《中国商事法》,人民法院出版社 2001 年版。

39. 王保树主编:《中国公司法修改草案建议稿》,社会科学文献出版社 2004 年版。

40. 王保树:《商法的改革与变动的经济法》,法律出版社 2003 年版。

41. 王保树主编:《全球竞争体制下的公司法改革》,社会科学文献出版社 2000 年版。

42. 王保树、崔勤之:《中国公司法原理》,社会科学文献出版社 2000 年版。

43. 施天涛:《商法学》,法律出版社 2004 年版。

44. 施天涛:《公司法论》,法律出版社 2005 年版。

45. 徐燕:《公司法原理》,法律出版社 1997 年版。

46. 高旭军:《德国资合公司法》,法律出版社 2005 年版。

47. 沈四宝:《西方公司法原理》,法律出版社 2006 年版。

48. 张诗伟主编:《离岸公司法理论制度与实务》,法律出版社 2004 年版。

49. 傅穹:《重思公司资本制原理》,法律出版社 2004 年版。

50. 邓辉:《论公司法中的国家强制》,中国政法大学出版社 2000 年版。

51. 赵德枢:《一人公司详论》,中国人民大学出版社 2004 年版。

52. 王天鸿:《一人公司制度比较研究》,法律出版社 2003 年版。

53. 罗培新:《公司法的合同解释》,北京大学出版社 2004 年版。

54. 张民安:《公司法上的利益平衡》,北京大学出版社 2003 年版。

55. 朱伟一:《美国公司法判例解析》,中国法制出版社 2000 年版。

56. 张开平:《公司权利解构》,中国社会科学出版社 1999 年版。

57. 朱慈蕴:《公司法人格否认法理研究》,法律出版社 1998 年版。

58. 张文龙:《股份有限公司法实务研究》,汉林出版社 1997 年版。

59. 范建、蒋大兴:《公司法论》(上卷),南京大学出版社 1997 年版。

60. 童兆洪主编:《公司法法理与实证》,人民法院出版社 2003 年版。

61. 蒋大兴:《公司法的展开与评判》,法律出版社 2001 年版。

62. 张汉槎:《香港公司法原理与实务》,科学普及出版社 1994 年版。

63. 江怡:《维特根斯坦——一种后哲学的文化》,社会科学文献出版社 2002 年版。

64. [奥]维特根斯坦:《哲学研究》,李步楼译,陈维杭校,商务印书馆 2000 年版。

65. [美]大卫·雷·格里芬:《后现代科学》,马季方译,中央编译出版社 1998 年版。

66. [英]哈特著:《法律的概念》,中国大百科全书出版社 1996 年版。

67. [美]杰弗里·亚历山大:《国家与市民社会——一种社会理论的研究路径》,邓正来编译,上海人民出版社 2006 年版。

68. 高家伟:《德国行政法》(第 1 卷),法律出版社 2000 年版。

69. 张文显：《法哲学范畴研究》，中国政法大学出版社 2001 年版。

70. 卓泽渊：《法的价值论》，法律出版社 1999 年版。

71. 付子堂：《法理学进阶》，法律出版社 2005 年版。

72. 杨大春：《文本的世界》，中国社会科学出版社 1998 年版。

二、论文部分

1. 吴越、茅院生："先公司民事行为的案型归类及责任分配"，载《法律科学》2005 年第 4 期。

2. 许章润："法律的实质理性"，载《中国社会科学》2003 年第 1 期。

3. 江平、孔祥俊："论股权"，载《中国法学》1993 年第 5 期。

4. 尹田："论非法人团体的法律地位"，载《现代法学》2002 年第 5 期。

5. 范健："设立中公司及其法律责任研究"，载《商事法论集》第 2 卷，法律出版社 1997 年版。

6. 李曙光："经济法词义解释与理论研究的重心"，载《政法论坛》2004 年第 6 期。

7. 刘星："重新理解法律移植"，载《中国社会科学》2004 年第 5 期。

8. 汤欣："论公司法的性格——强行法抑或任意法？"，载《中国法学》2001 年第 1 期。

9. 王文宇："进出公司法——几点跨领域的观察"，载《月旦民商法杂志》2003 年创刊号。

10. 温世扬、廖焕国："公司章程与意思自治"，载《商事法论集》第 6 卷，法律出版社 2002 年版。

11. 刘刚仿："英美法系公司发起人的概念、职责和信义义务研究"，载《国际商法论丛》第 2 卷，法律出版社 2000 年版。

12. 曹顺明："设立中公司法律问题研究"，载《政法论坛》2001 年第 5 期。

13. 杨联明："设立中公司的法律地位研究"，载《河北法学》2003 年第 3 期。

14. 方流芳："解读无人领会的语言：公司法第 12 条第 2 款的诊断"，载《律师文摘》总第 8 期。

15. 周友苏、沈柯："股权出资问题研究"，载《现代法学》2005 年第 1 期。

16. 胡晓进、任东来："保守理念与美国联邦最高法院——以 1889—1937 年的联邦最高法院为中心"，载《美国研究》2003 年第 2 期。

17. 韩铁:"试论美国公司法向民主化和自由化方向的历史性演变",载《美国研究》1995 年第 3 期。

18. 江必新:"论行政许可的性质",载《行政法学研究》2004 年第 2 期。

19. 杨玉圣:"术语规范与学术翻译——从查尔斯河桥译成'查尔斯·里维尔·布里奇谈起'",载《出版人》2005 年第 8 期。

三、法规部分

1. 刘俊海译:《欧盟公司法指令全译》,法律出版社 2000 年版。

2. 贾红梅、郑冲译:《德国股份公司法》,法律出版社 1999 年版。

3. 吴建斌主编:《日本公司法规范》,法律出版社 2003 年版。

4. 李萍译:《法国公司法规范》,法律出版社 1999 年版。

5. 杜景林、卢谌译:《德国股份法·德国有限责任公司法·德国公司改组法·德国参与决定法》,中国政法大学出版社 2000 年版。

6. 左羽译:《特拉华州普通公司法》,法律出版社 2001 年版。

7. 陈卫佐译:《德国民法典》,法律出版社 2004 年版。

8. 中国政法大学澳门研究中心编:《澳门商法典》,中国政法大学出版社 1999 年版。

9. 中关村科技园区:《有限合伙管理办法》。

10. 江苏省高级人民法院:《关于审理适用公司法案件若干问题的意见(试行)》(2003 年 6 月 3 日江苏省高级人民法院审判委员会第 21 次会议通过)。

外文类

1. Alan Watson, *Legal Transplants: An Approach to Comparative Law*, 2nd ed., Athens and London, The University of Georgia Press, 1993.

2. Alchian, Armen A. and Harold Demsetz 1972, Production, Information Costs, and Economic Organization, *American Economic Review*, December.

3. Blumberg, Limited Liability and Corporate Groups, 11 *J. CORP. L.* (1986).

4. Bryan A. Garner Editor in chief. BLACKS LAW DICTIONNARY (8 ed,).

5. Butterworths Company Law Handbook, 18th ed, LexisNexis, Butterworth, 2004.

6. Charles Taylor, "Interpretation and the Sciences of Man," in *Interpretive Social Science, A Second Look*, ed. by Paul Rabinow and William M. Sullivan, University California Press, 1987, p. 33.

7. Donald Langevoort, Theories, Assumptions, and Securities Regulation: Market Efficiency Revisited (1992) 140 *University of Pennsylvania Law Review* .

8. Easterbrook & Fischel, Limited Liability and the Corporation, 52 *U. CHI. L. REV.* (1985).

Easterbrook & Fischel, Limited Liability and the Corporation, 52 University. *Chicago Law Rewiew.* 89, 89 (1985).

9. Federick Hallis, *Corporate Personality: A Study in Jurisprudence*, Oxford University Press, 1930.

10. Feederick Pollck & Ferideric Willam Maintland, The History of English Law: Before the Time of Edward, 2nd. Vol: 1, reissued with a introduction by S. F. C. Milson, Cambridge University Press, 1968. James B. White, The Legal Imagination, Boston: Little, Brown andCompany, 1973.

11. Frank H. Easterbrook &Daniel R. Fischel, The Economic Structure of Corporate Law, Harvard University Press (1991).

12. Halpern, Trebilcock & Turnbull, An Economic Analysis of Limited Liability in Corporation Law, 30 *U. Toronto L. J.* (1980).

13. Jeffrey Gordon and Lewis Kornhauser, Efficient Markets, Costly Information and Securities Research (1985) 60 *New York University Law Review.*

14. Jeffrey Gordon and Lewis Kornhauser, Efficient Markets, Costly Information and Securities Research (1985) 60 *New York University Law Review* .

15. John C. Gray, *The Nature and Sources of the Law* 51, 2nd. Boston, 1938.

16. Larry E. Ribstein, Limited Liability And Theories Of The Corporation, 50 *Maryland Law Review* 1991.

17. Max Weber, *Economy and Society: An Outline of Interpretive Sociology*, Vol: 1, eds. by Guenther Roth & Claus Wittich, Univ. of California Press, 1978.

18. Mayson/French/Ryan, Company Law, 20th ed. , Oxford, 2003.

19. Michael Jensen and William Meckling, Theory of the Firm: Managerial Behaviour, Agency Costs, and Ownership Structure (1976) 3 *Journal of Financial Economics.*
Michael Jensen and William Meckling, Theory of the Firm: Managerial Behaviour, Agency Costs, and Ownership Structure (1976) 3 *Journal of Financial Economics* 305.
Michael Whincop, Of Fault And Default: Contractarianism As A Theory Of Anglo-Australian Corporate Law, 21 *Melbourne University Law Review* 187.

20. *Mitchell*, *Close Corporations Reconsidered*, 63 *TUL. Law Review.* 1143, 1172—80 (1989).

21. Otto von Gierke, Vereine ohne Rechtsf? higkeit nach dem neuen Rechte, 2. erg. Aufl. Berlin : H. W. Müller , 1902, 52 S.

22. Pennington´s Company Law . Eighth Edition . Butterworths A Member of the LexisNexis Group.

23. Ricoeur, Paul. *Time and Narrative.* tr. by Kathleen Blamey and David Pellauer. Chicago: University of Chicago Press, 1988.

24. Robert W. Hamilton, The Law of Corporation in a Nutshell 64 (3d ed. 1991).

25. Ronald Coase, The Problem of Social Cost (1960) 3 Journal of Law & Economics 1.

26. Ronald Coase, The Firm, The Market, and The Law, Chapter One, in The Firm, The Market, and The Law, Chicago: The University of Chicago Press, 1988.

27. Ronald Gilson and Reinier Kraakman, The Mechanisms of Market Efficiency (1984) 70 *Virginia Law Review* 549.

28. Solomon & Collins, Humanistic Economics: A New Model for the Corporate Social Responsibility Debate, 12 *Journal of Corporation Law*, 331, 338 (1987).

用感恩的心生活

（代后记）

　　阳光穿越窗棂涌进书斋，满地、满架的各式各样的书在阳光的洗礼中如同此际的我一般：快乐而疲惫。那些文字，那些思想，那些给我痛苦、给我欢乐的书籍在这个春天的阳光里温暖而又寂寞——我懒得再去翻动它，这些好像已与我没了关系。

　　在很久以前的人生理想中，是没有想过攻读博士的，甚至在高中的时候我连大学都不想上。上大学的目的只是为了证明自己能考上，不比别人笨，不辜负父母的期望。一直有些自恋般的认为自己根本不用上大学都会比上过大学的人干得好，高三那年我甚至给父母写了一封长达7页纸的信，准备在拿到大学通知书的时候就开始自己独立的人生创业。那封信到今天也没有拿出来，而且永远也拿不出来了，在拿到西南政法大学的通知书的当天我就悄悄地将那封信烧掉了。那一天我看到父母的喜悦是那么地洋溢，那一天我才真正认识到我不仅仅是属于自己的。

　　读博士的原因是因为自己懒惰，我要找一种方式逼迫自己去读书，更重要的原因是毕业后分到了法律出版社，每天接触的都是优秀的专业人士，善言的我在他们面前很是木讷，缺乏共同语言。尤其在做编辑工作的过程中，我经常自问：你凭什么对你的老师的书稿评价？评价标准是什么？书到用时方恨少。我得认真地读点书，要对得起这份工作，对得起社会给我们的信任吧。进入法律社的第二年我下定决心要多读些书，多读书的标志是将博士课程读完。

　　我就读书了。读了两次硕士（西南的法学硕士和人大的法律硕士。

在读完人大的所有研究生课程,通知开题的时候我在西南通过了答辩,我又一次懒惰,不愿再去做一个新题。所以到今天我还欠着人大一个学期的学费)后的那一年我的工作是最忙的一年。那一年我担任中国法律图书公司的总经理,在领导的指挥下开展着一些别人没有做过的工作,按时下的说法是在创新。创新的结果是这一年我阅读了大量的管理学、经济学方面的著述当然也包括法学,尤其是公司法律方面的著述,另一个收获是成就了自己的读书习惯,现在有一天不读书看报就像缺少了什么。在实现中国法律图书公司改制的那一年我开始攻读博士,那一年我同时报考了北大和西南。在北大,我的专业课考了第一名,总成绩第三名,英语没有上线让我再次有机会可以回到母校享受母校家一般的温暖与情怀。

西南政法大学是一个具有神奇色彩的地方。这块土地散发出来的气息是如此之迷人,让你眩晕而又留连。虽然当年报考这所学校是有些迷茫的,离我的理想新闻或中文专业有十万八千里(教写作的徐梦立老师在看完我高三时写的一个东西后下结论说:你应该学中文),可我到今天觉得自己最幸运的一件事是在高考成绩出来后没有去把志愿改了。

对西南的感情堆积在心头经常会让自己哽咽,却无法用语言去描述,或者说是要描述的太多,反倒不知从何说起了。所有从西南毕业的人对母校都有一种莫名的情感,卫方学长还总结出了西南精神,《我的大学》中所选的 25 位从西南毕业的师长的回忆文章读起来让我们梦中都会回到那个火热的城市,那个浪漫的而又诗意的校园。可我想说即使如他们所描述也无法表达出我对母校的情感和母校对我深及灵魂的影响。

我的大学塑造了我人生的道路。我的成熟、我的自信、我对生活的挚爱,生命中很多积极健康向上的情怀都是母校赋予和锻造的。

我只能以一种感恩的心情去回报我的母校。

我只能以一种感恩的心情对我人生道路上给我帮助的人在灵魂深处

念想和祝福。

我一直认为一个人只能做一件事,一群人才能成就一个事业。可是我现在认为读博士这件事不是一个人能做的,至少像我这样智商不是太高的人,只有在很多人的帮助下才能顺利读完。我的幸运在读博士时再一次,不,应该说是太多次的幸运,太多人的帮助才能有您看到的这篇博士论文。

感谢母校让我再次回到她的怀抱,聆听母校那些优秀的老师的教诲,在母校严谨的治学环境中使自己远离懒惰,读了更多的书,让自己一天天成熟,一天天明白和领会生活的真谛。

尊敬的导师梁慧星教授在我的心中更多的时候是被视做父亲一样。先生对学术理想的坚持和不懈追求,对国家民族的认真负责精神,让我感受到了一个优秀的法学家对人民的尊重和热爱。先生客观真实,不做虚言。还记得先生第一次上课时的话:我不会教你们太多的专业知识,你所研究的领域你应该是专家,应该超过我;我教给你们的是研究的方法,还有做人的要求,做人比做事更重要。三年中,只要先生在北京,就想去见他,和先生在一起,会感受到一种力量,一种执著。先生对学生要求很严格,在学术讨论中是不留情面的,在他家里我多次见到有师兄弟被说得面红耳赤。对我的论文写作从选题开始到提纲的草拟,先生提了很多要求,开始动笔后每过一段时间就会追问写得怎么样了。初稿完成送交先生审阅,先生表扬数句后即提出问题,没有任何客气,回来改完后论文由初稿的19万字变为15万字。可先生又是温情且提携后进的,与先生谈起他所了解的年轻学者,先生总是要讲他们的长处,总是会夸奖他们在做学问或做人方面值得我学习的东西。人生最重要的知识可能是如何做人的知识,先生以他自己的言传身教让我受益无穷,让我更加平静,更加成熟。对先生的情感是融入血液里的。

尊敬的导师李开国教授在同学们的眼中是我们的老师,更是我们的长辈，大家更愿意喊他"老爷子"。先生没有任何架子，总是笑容可掬，骨子里却又透着倔强和不屈不挠。同学们最爱上他的讨论课，最爱和先生展开热烈的讨论，从他的办公室经过的人总以为先生在和谁吵架，先生讨论时的投入让大家感动。先生对我非常关心和爱护，关心和爱护得让其他同学"嫉妒"。只要有人谈起我的场合，先生都会表扬我，让听者都会在给我复述的时候表现出羡慕的样子。先生对我的褒扬给了我很多自信，也让自己不敢稍有松懈，害怕辜负了他的期望。写这段文字的时候，眼前浮现出先生笑意盎然的样子，那是一种鼓励。

张玉敏教授是我的硕士生导师，也是博士生导师组的成员。所有熟悉她的人都认为她是一个非常勤奋的人。法律出版社的一位编辑在看完她的《走过法律》一书的书稿后说张老师在民法、知识产权法、继承法领域的研究都是非常深入的，从其文就能感觉到张老师学问的严谨与认真，能感受到张老师是一个非常有思想的女性。我在张老师面前是没有拘束的，在她的教导下读书也是快乐的，在她的轻声细语中，能感受到法律是有滋有味的。

我无法如此去描述我的母校每一个给我帮助，让我感激的人。进入西南读书以来予我恩惠者实在难以一一列数，仅就攻读博士期间母校的老师有李昌麒教授、田平安教授、徐静村教授、种明钊教授、张国林教授、龙宗智教授、李春茹教授、刘俊教授、付子堂教授、陈忠林教授、杨树明教授、赵万一教授、孙长永教授、邓瑞平教授、宋雷教授、石慧荣教授、刘想树教授、吴越教授、汪祖兴教授、陈苇教授、曹明德教授、谭启平教授、王洪教授、刘云生教授、刘革老师、李功建老师、严安贵老师、龙光美老师等，还有很多请原谅我无法再去一一列举的母校其他老师所给予我的帮助和支持，让我永远感激，也永远会成为我前行的动力。

我一直相信人生最美的是过程，只要在合适的场合，我都会"宣扬"过程比结果美丽。我攻读博士的过程由于有太多的朋友扶持而让自己深深感动，这个过程因为感动也就更加美丽。我的论文的题目和提纲是在吴越教授帮助下起草的,不仅如此,吴越教授还为我提供了大量的德国文献资料,初稿完成后,又为我审阅并提出修改建议。中央党校的卓泽渊教授到台湾地区访问期间,专门到书店帮我购买资料,更重要的是他和他的夫人龚渝副教授给予我们全家无微不至的照顾与关怀,成为我人生最重要的动力之一。重庆大学的陈刚教授两次到日本都帮我收集日本相关文献,还帮助不懂日文的我翻译成中文;现在在香港证券交易所任职的田晓安博士在哈佛攻读博士期间帮我收集了大量的美国文献;社科院法学所蒋熙辉博士、君合律师事务所的张诗伟先生、同学杨佳红等通过各种渠道帮我收集了大量的资料;我的同事丁小宣君也将他收藏的书籍为我贡献了出来。对这些朋友的帮助不只是感激两个字所能表达的。

社科院法学所民法室的谢鸿飞博士是当下青年才俊中我最敬佩的人之一,我坚信精通英语和德语而又勤奋的他在未来中国的法学界必定会成为一面优秀的旗帜。鸿飞对我的初稿提出了一页纸的修改意见,他是从头到尾认真审读了的。对二稿更是细致的从文字到注释帮助修改。认真的他为了我的论文观点得到充分的论证甚至在结构上帮助调整,帮我查找了很多外文文献资料。对这样的帮持我该用怎样的语言去表达内心的感激呢?

清华大学的王保树教授花了将近一周的时间对我的论文初稿进行了审阅,提出了很多修改意见,先生提携后进的胸怀会激励我更加努力的学习和工作。中国政法大学的赵旭东教授对于我所给予的帮助不仅仅是文献的提供,在很多需要他帮助时,他的毫不犹豫让我更是深深感动。

我的本科同学,中国政法大学的李建伟副教授从我攻读博士的第一天就开始督促我学习,现任教于北京航空航天大学的师弟丁海峻博士和建伟博士一样,是我在学习中遇到困难时最先要求教的朋友,他们两位是盯着我学习始终的。我的博士生同学熊进光、杨佳红、何静、李晓云、张建文、廖湘文、侯国跃、宋宗宇、彭贵、吉达珠等,让我的攻读博士的日子快乐而又旖旎,让自己感受到书斋之中的又一种乐趣。

人生的第一个工作单位对人的影响是终生的，我很幸运自己大学毕业能够分到法律出版社。法律出版社以其在法律和法学界的影响团结了一大批优秀的法学学人，在这里工作实际上每天都在学习。与每一个作者的交谈都能学到自己所不知道的知识，每一个学科的发展态势、前沿理论、学术焦点全在这些学者的脑中，他们的一句话甚至比自己读完一本书的感受还多，那也许就是与自己交谈的学者读完一本书后让他自己最有感触，觉得最有价值的思想，每一个作者可能就是一本书，甚至是几本书。这些优秀的作者的睿智让自己渐渐成熟，他们在很多时候容忍了我的无知与冲动，每一个与我交谈的人都尽可能地将他所知道的知识教给我，在这样的学习中也让自己对知识更加敬畏，更加虔诚。

　　到法律出版社的幸运不仅是让自己有机会向中国最优秀的学者当面求教，还让自己在人生的第一份工作中遇到了对自己人格完善最有影响的人：法律出版社前任社长贾京平、现任社长黄闽、我的第一个部门领导王玉麟。这种幸运可能是最让别人嫉妒的事，但是不管别人如何去想，我还是想说他们三位在我人生的轨迹上是刻下了深深的烙印的。他们对我不止是帮助，更多的是雕刻。

　　贾京平社长对我的影响是无法用文字去描述的，想写这一段话时我呆呆地望着窗外有五分钟。该用什么样的词语去描绘他？智慧、勤奋、廉洁、公正？还是忘我、激情、理想、完美？在我的心中这些词语好像远远不够。他宽容大度的人文关怀，胸怀天下的事业情操，学不止歇、永求第一的奋斗精神让所有熟悉他、了解他的人感动。贾社长调离法律社的那天我醉了。在一起工作了将近10年，人生的第一个工作的10年有这样的领导一定是最大的幸运。也许我不会再有机会在他的直接领导之下工作，但在我心中他是我永远的领导。

　　从大学毕业到今天，我分别在法律出版社的办公室、发行部、市场营销部、市场销售部、中国法律图书公司、北京中天学校工作过，做过后三个单位的负责人。从 2005 年 6 月起担任法律社学术分社的社长。部门换了很多，但是我的分管领导一直是勤奋、任劳任怨的黄闽社长，到今天都没有换过。信任和默契是对一个人的最高奖赏，我觉得自己在贾京平社长和黄闽社长这里都获得了。

非常感激曾经以及现在和我一起工作过的单位及部门的同事，原谅我不能在此一一提及你们的名字。没有这些优秀的同事帮我一起思考，共渡每一个难关，给我鼓励，甚至帮我做了很多应该由我去做的事，我是不可能顺利的去完成学业的。

在法律出版社工作了 10 年，最美好且浪漫的岁月在这里度过，看着法律出版社越做越好，我心里非常自豪和骄傲。也许有一天我会离开法律出版社，但这份自豪和骄傲会伴我永远。

人生中父母的爱恐怕是无可替代的。我的父母平凡，朴实，节俭，热情，大方，好客；你在任何时候见到他们，都能看到他们脸上洋溢着阳光般的笑容，所有见过我父母的人都会被他们爽朗的笑声所感染，那种笑声里没有任何杂质，没有任何虚伪和算计。我们家的客人不断，他们每一位的到来都会让我们这个家庭有节日般的快乐，在这种快乐中我享受到比阳光还要和煦的温暖。父母对我们兄妹非常严格，尤其是学习和做人，父母以他们自己作为榜样教育了我们。我感激我的父母，深深的感激，他们给了我健康的体魄，更给了我健康的精神和心灵。

父亲在 2002 年 9 月 1 日学生入学的那一天心脏病发作，来北京治疗了半年后回到安徽老家休养。每个周末我和妻儿都会打电话回家，电话里父亲的声音依然是那般爽朗，依然每次都要叮嘱我认真工作，不要犯错误。一直到 2004 年 1 月 14 日前的那一个周末，他还如以往一样的叮嘱我，还说他过完春节要再回学校上班，还有谁谁孩子读书的事需要解决。然而 1 月 14 日的凌晨他却永远睡了过去，他睡得是那般安详，我想是没有一点痛苦的，可能他还在想着他的课堂，他的学生。一个普通的人民教师在离开这个世界之前想得最多的不是自己而是别人；牵挂的是是否有更多的学生能够接受更好的教育，能够学习更多的知识。

每每我在遇到困难和遭受挫折想退却或放弃的时候，父亲的身影便会浮现在眼前。永远的感激和怀念父亲，在这样的一个后记里表达对他的感激和怀念，希望能够给在天国里的父亲以安慰。

我的幸运不仅在于我有非常优秀的生身父母，还在于我有非常优秀善良的岳父母。他们是中国传统的优秀知识分子的缩影。岳父是医生，他最自豪的是将一个又一个病人从病魔的手中抢救过来，他醉心于技术的钻研，我们家的书架上还保留着他每一个手术后的总结笔记。他退休后最大的爱好就是看书，每每聊起历史来，总能给你引经据典，评点江山。从不与人争利的岳父对我的要求永远是尽可能的帮助别人。岳母是我们家的领导兼保姆。在她的眼中我是她的儿子，是她的学生。岳母关心着我的生活，关心着我的健康，近十年来每天都是岳母将我叫醒，为我做好早餐，晚上回家时饭菜就已做好，茶杯里泡好了茶。包括洗衣服在内的家务活基本上也是岳母做了，孩子上学后每每妻子工作忙时还需岳母去接。对岳父母的感激无法用语言去表达，现在他们年龄越来越大了，我尽可能每天早些回家，每天都陪他们聊会天。让他们快乐地过好每一天也许是我和妻子最重要的事吧。

人生之中能相伴永远的是自己的妻子或丈夫。我的妻子鄢梦萱是我大学的同学，聪慧、好学、勤奋、善良、豁达、孝顺、阳光这些词语只能描述她的一部分特点。她是好女儿、好妻子、好母亲，更是一位好老师。我的父母对她的喜欢是溢于言表的。十几年来她为了我们的家庭幸福所付出的努力、所承受的辛劳让我非常惭愧。我不能在此去描述她为我们家庭的幸福所做的一切，但对于她为我攻读博士学位所做的默默无闻的工作我不可不说。可以说，没有我的妻子的努力工作就不会有这篇论文的产生，她的知识和思想是超过我的，正是有她这样优秀贤德的妻子才会让我在攻读博士的过程中不会疲惫。让我们这个家庭充满欢乐且充满希望的儿子韬韬让妻子花了很多心思,儿子的健康、活泼、好学让我们的人生充满着幸福的阳光。每每儿子稚气地问一句:你的论文写完没有?要不等我长大了帮你写?心中的那种感觉是盎然而温暖的。

　　写到这里时,我深刻的认识到人生最大的幸运是能感受到自己的幸运,心中对那些爱你或你爱的人常怀感激一定是幸福的。另一种深刻的感受是这篇论文不只是我的,它是属于所有帮助和爱护过我的、所有在这个过程中体会和感受亲情、友情的人。论文本身似乎已经并不重要,但论文为我有机会让自己去幸福的回味和体会这个过程的每一个细节,为我能有机会向这个世界上所有给予我爱和关怀的人感恩提供了一个平台却是非常重要。可能没有人去看我的论文,可能这篇论文在若干年后会成为有人诟病于我的工具,但这些都没有关系,攻读博士的过程之绚丽早已让我对所有可能出现的结果不再揣测,我只要自己能永远有一颗感恩的心去生活,阳光就会永远灿烂的。

2006 年 3 月 31 日于北京世纪城